C·H·Bec
PAPERBACK

Deutschland, in einer anderen Zeit. Homeoffice hieß Teleheimarbeit, Fernsehonkel Manfred Krug warb für die T-Aktie, und in den Wohnstuben der Republik stand eine pralinenschachtelgroße Box, die das Tor zur neuen Welt öffnete: das Modem. Das Internet war teurer als die Sexhotline und nicht mehr als ein aufgemotzter Bildschirmtext, aber für Digital Natives war es auch eine Verheißung... Die Jugendlichen wählten sich vor einer schrillen Geräuschkulisse ins World Wide Web ein, es knarzte und zischte in der Leitung – und dann waren sie «drin», wie Boris Becker im AOL-Werbespot sagte. Der Spaß konnte losgehen: surfen, chatten, illegal Musik und sonst was herunterladen. Zum großen Missfallen der Eltern, deren Telefon unterdessen blockiert war. Und was sollte das überhaupt sein, dieses Internet? Nur «ein Hype», wie Bill Gates Anfang der 90er glaubte? Helmut Kohl verwies Journalisten, die nach seinen Plänen für den Ausbau der Datenautobahnen fragten, am Ende seiner Kanzlerschaft gar an die Länder: Straßenbau sei deren Sache. Adrian Lobe kehrt in seinem Buch auf humorvolle Weise in die digitale Steinzeit der 90er und frühen Nullerjahre zurück und zeichnet das Porträt einer Generation, die das Internet als ihren Abenteuerspielplatz entdeckte.

Adrian Lobe ist Politikwissenschaftler und Journalist. Den Umgang mit digitalen Technologien lernte er bei seinem Vater, der Informatik-Lehrer ist. 2016 wurde er für seine Artikel über Datenschutz und Überwachung mit dem Preis des Forschungsnetzwerks Surveillance Studies ausgezeichnet. Für seinen Artikel «Wir haben sehr wohl etwas zu verbergen!» bei ZEIT ONLINE erhielt er 2017 den ersten Journalistenpreis der Stiftung Datenschutz. Bei C.H.Beck erschien von ihm zuletzt «Speichern und Strafen. Die Gesellschaft im Datengefängnis» (2019).

Adrian Lobe

Mach das Internet aus, ich muss telefonieren

Kuriose Geschichten aus
der digitalen Steinzeit

C·H·Beck

Originalausgabe
© Verlag C.H.Beck oHG, München 2022
www.chbeck.de
Umschlaggestaltung: geviert.com / Christian Otto
Satz: C.H.Beck.Media.Solutions, Nördlingen
Druck und Bindung: Druckerei C.H.Beck, Nördlingen
Printed in Germany
ISBN 978 3 406 79116 1

myclimate

klimaneutral produziert
www.chbeck.de/nachhaltig

«Das Internet ist eine Spielerei für Computerfreaks, wir sehen darin keine Zukunft.»
Ron Sommer, 1990

«Das Internet ist nur ein Hype.»
Bill Gates, 1993

«Ich habe Gott sei Dank Leute, die für mich das Internet bedienen.»
Michael Glos, Bundesminister für Wirtschaft und Technologie, 2007

ᑔ

Inhalt

A

Vorwort:
Eine kleine Archäologie des Internets

Erinnern Sie sich an das erste Mal? Also nicht das, was Sie jetzt denken. Wissen Sie noch, wann Sie zum ersten Mal drin waren? Also im World Wide Web. Man kann sich an den ersten Plattenspieler oder an den ersten Kassettenrekorder erinnern, auf den man Monate lang gespart hat. Aber an das erste Mal im Internet? Schwierig.

Als ich für dieses Buch zu recherchieren begann, fragte ich in meinem Freundeskreis nach. Wann war das nochmal genau mit ICQ? Hast du noch irgendwelche Unterlagen? Screenshots vielleicht? Es war also eine analoge Intuition, die ich hatte, so als gäbe es für die Anfänge des Internets eine Chronik. Die meisten meiner damaligen ICQ-Kontakte, mit denen ich heute auf WhatsApp oder Signal schreibe, antworteten mir, auch sie seien in dieser Hinsicht völlig blank. Der eine oder andere hat vielleicht noch eine Abizeitung oder Bravo-Hits-CD in irgendeiner eingestaubten Kiste im Keller liegen, und vielleicht hat der eine oder die andere auch noch ein Backstreet-Boys-Poster mit umgezogen. Aber von der gemeinsamen Anfangszeit im Netz scheint es keine Überlieferungen zu geben. Die schülerVZ- oder studiVZ-Profile existieren nicht mehr, auch die alten Chatprotokolle sind gelöscht – und das ist vielleicht gut so. Die «SMS von letzter

Nacht» wurde nicht gespeichert, und die kompromittieren-
den Partypics, auf denen man als Schnapsleiche in den
Ecken schummriger Discos abgelichtet wurde, sind zum
Glück ebenfalls von den Servern verschwunden.

Diese Erinnerungslücken sind umso erstaunlicher, als unsere Generation mit dem Mahnspruch aufwuchs: «Das Internet vergisst nichts.» Das klang so, als würde da irgendeine
dunkle Macht alles aufzeichnen und das belastende Material
gegen uns vor dem Jüngsten Gericht vorbringen. Doch je tiefer ich in der Technikgeschichte und meiner eigenen Netz-
biografie zu wühlen begann, desto mehr stellte ich fest: Es
gibt kaum Quellen. Obwohl die Anfangszeit des World Wide
Web nur 30 Jahre zurückliegt, hat man das Gefühl, man
würde als Hobby-Archäologe in der Altsteinzeit forschen, als
wären die tieferen Bewusstseinsschichten von meterhohem
Spam überlagert.

Die erste Webseite, die der Physiker Tom Berners-Lee
1991 online stellte, ist mittlerweile wie vom Erdboden ver-
schluckt.[5] Es existieren nur noch Kopien des historischen
Dokuments: Screenshots, die zwei Jahre später gemacht wurden. Das Geburtsfoto des Internets ist verschollen. Auch der
erste Wikipedia-Eintrag hat sich in den virtuellen Weiten des
World Wide Web verflüchtigt. Nur mit viel Mühe stößt man
auf solche Fossile der digitalen Steinzeit. Das Internet hat
erstaunlich viel über sich und seine eigene Geschichte vergessen.

Zum Glück gibt es das Internet Archive. Die gemeinnützige
Organisation hat es sich zur Aufgabe gemacht, das Internet
zu archivieren. Das Archiv, das in einer ehemaligen Kirche
in San Francisco lagert und als «Gedächtnis des Internets»

tituliert wird[6], umfasst mittlerweile 684 Milliarden Seiten (Stand: 25.5.2022), die bis in das Jahr 1996 zurückreichen. Wenn man mit der «Wayback Machine» in den Sediment-schichten des virtuellen Raums gräbt, treten erstaunliche Dinge zu Tage – unter anderem auch Screenshots meiner eigenen Homepage. Damals bastelte man Webseiten noch mit einfachen grafischen Elementen wie animierten GIFs. Gäbe es das Internet Archive nicht, wären wir wohl von einer kollektiven Amnesie befallen.

Auch die Zeitungsarchive halten so manch kurioses Faktum bereit. Vor allem aber ist es Youtube, mit dem sich Erinnerungen aus der digitalen Steinzeit wachrufen lassen: der Benachrichtigungston von ICQ, der «Sie haben Post»-Jingle von AOL oder das seltsam melodische Verbindungsgeräusch der Modems. Das war der Sound des Web 1.0. Ein akustisches Spektakel. Ich möchte Sie, liebe Leserinnen und Leser, nun zu einer kleinen Nostalgietour in eine Zeit einladen, in der das Internet tatsächlich noch «Neuland» war – und man sich entscheiden musste, ob man surft oder telefoniert.

1. Start me up

Deutschland, in den 90ern. Über die Bonner Republik hatte sich ein Mehltau gelegt, alles wirkte bräsig, behäbig, biedermeierlich. Die Rente war sicher, die Lohntüte voll, und die Frisur saß dank Drei Wetter Taft. Die Samstagszeitung war so dick, dass sie kaum in den Briefkasten passte. Am Weltspartag gab es noch Zinsen und Geschenke. Und in den katholischen Kindergärten wurden sündige Gemeindefeste mit Freibier und Helferbratwürsten gefeiert. Die Nation hatte sich sattgefressen am Wohlstand. «Tagesschau»-Sprecher Jo Brauner verlas in ockerfarbenem Anzug mit Einstecktuch die Nachrichten in einer Monotonie, dass man meinen konnte, er sage jeden Tag dasselbe an. In der ARD lief der Fernsehpfarrer «Fliege», bei den Privaten talkte Margarete Schreinemakers. Und wer Probleme mit sich und der Welt hatte, postete kein Status-Update auf WhatsApp, sondern rief bei der Familientherapeutin Brigitte Lämmle an, die im SWR, der damals noch SWF hieß, in der Sendung «Lämmle Live» mit volkspädagogischem Eifer die Seelenklempnerin der Nation gab. Irgendwie waren wir alle ein bisschen «Bluna».

Als Bundeskanzler Helmut Kohl 1994 in einer Fernsehsendung gefragt worden war, wie er den Ausbau der Datenautobahnen fördern wolle, faselte er irgendetwas von Stopp-

and-Go-Verkehr[1] – und verwies auf die Zuständigkeit der
Länder: Straßenbau sei Ländersache.[2] Kein Wunder, dass der
Datenverkehr nur schleppend vorankam. Aber auch der
Grünen-Abgeordnete und einstige Straßenkämpfer Joschka
Fischer hielt nicht viel von Info-Highways. In einer Rede
im Deutschen Bundestag am 6. September 1995 sagte er:
«[...] klinken Sie sich einmal in das Internet ein [...], wenn Sie
glauben, dass in diesem Bereich viele Arbeitsplätze entste-
hen könnten. Das, was da gegenwärtig an Schrott sozusagen
über die Datenautobahn fährt, wird teilweise nur noch von
dem überboten, was Sie an Regierungserklärungen abgeben.»[3] Die Politiker kamen mächtig ins Schlingern – einen
digitalen Elchtest hätte wohl kaum einer bestanden.

1995, also in dem Jahr, als Amazon das erste Buch verkaufte, auf eBay der erste Artikel versteigert wurde und die
Suchmaschinen Lycos und Altavista an den Start gingen,
wählte die Gesellschaft für deutsche Sprache (GfdS) den Begriff «Multimedia» zum Wort des Jahres. Auf den Plätzen
sechs bis acht landeten die Begriffe «anklicken (mit der Com-
putermaus)», «virtuelle Realität» und «Datenautobahn».[4]

«Multimedia» klingt in heutigen Ohren etwas altmodisch,
genauso wie «EDV» (elektronische Datenverarbeitung). Mitte
der 90er Jahre war das aber ein schillernder, progressiver Begriff, unter den man alles, was mit «neuen Medien» zu tun
hatte, fasste. Allein, dieses Klingelwort, durch dessen Verwen-
dung damals jeder Forschungs- und Fördermittelantrag durch-
gewunken wurde, war natürlich völlig nichtssagend. (Wenn
man unter «Medien» auch Luft und Wasser versteht, dann
war ja gewissermaßen schon der Urknall multimedial und
der redende und schreibende Cicero ein Multimedia-Talent.)

Genaugenommen war Multimedia natürlich eine milliardenschwere Verheißung: Computerfirmen, Softwareproduzenten, Elektrohersteller, Telefongesellschaften und Medienkonzerne sollten zu einem Mega-Markt zusammenwachsen. «Nach einer Nachrichtensendung informiert er sich in einem elektronischen Lexikon, bummelt dann in einem virtuellen Kaufhaus und bestellt einen Pay-Spielfilm, klickt eine CD-Rom an und bezahlt zum Schluss noch seine Rechnungen per Telebanking», skizzierte der «Spiegel» die Zukunft.[5]

Für die ABC-Schützen, die wie ich zwischen 1992 und 1998, in der Spätphase der Kreidezeit, eingeschult wurden, war die erste Begegnung mit Multimedia der Tageslichtprojektor (auch modisch «Overheadprojektor» genannt), auf dem man vor versammelter Truppe auf sich wellenden Folien Buchstaben nachfahren oder Rechenaufgaben lösen musste. So wie die Tafel, die ein wöchentlich rotierender «Tafeldienst» zu «löschen» hatte, oder der analoge Rechenschieber gehörte der Tageslichtprojektor zum Inventar der deutschen Klassenzimmer. Längst ein Exponat für technikgeschichtliche Museen, begleitete uns der vormoderne Beamer bis zu unseren Abschlussprüfungen in den späten Nullerjahren. Ein Klassenkamerad von mir versuchte mal, den optischen Bildwerfer zu sabotieren, indem er eine Salamischeibe auf die Linse legte, was zu üblen Geruchsbelästigungen in den vorderen Reihen führte. Das Geruchskino war schon vorher ein Flop, doch das Gerät war unkaputtbar. So dehnbar wie die Folien war auch sein didaktischer Anwendungsbereich: Ob binomische Formeln oder Vokabeln – alles war projektionsfähig. Ich glaube, wir litten chronisch unter *Overheadprojektor-Fatigue,* anders lässt sich die ständige Müdigkeit nicht erklären. Was den Einsatz «neuer» Medien («neu» war gefühlt alles nach dem Buchdruck) betraf, gab es unter deutschen Pädagogen doch einige Bedenkenträger. Sie bremsten die Einführung der neuartigen Lernmittel merklich ab.

Anders ausgedrückt: Die deutschen Schulen waren bis ins 21. Jahrhundert hinein lange ein Digital-Detox-Camp, in dem es rezeptfrei analoge Entgiftungskuren gab. «Bring your own device» hieß damals: Lamy- oder Pelikan-Füller, Federmäppchen und Schreibheft (liniert oder kariert). «Jede Zahl hat ihr eigenes Kästchen», bläute uns der Mathelehrer ein. Second Screen? Das war neben dem Tafelbild der Siku- oder Barbie-Prospekt, auf den man unter dem Tisch spickte. Hefte und Bücher galt es einzubinden, wobei sich die milieuspezifischen Unterschiede darin zeigten, dass man als Kind der ökologisch bewussten Mittelschicht seine Utensilien selbstverständlich mit Papier einband. Plastik hatte nur der Idiot. Als ich in der Hausaufgabenbetreuung in der Grundschule mit verkrampfter Schreibhaltung Mathematikaufgaben löste, schwatzte mir die zur Kontrollvisite erschienene Schulleiterin einen Plastikgriff auf. Den Neigungswinkel des Schreibgerätes konnte man nicht vorschreiben, aber zumindest Haltungsnoten fürs Schreiben verteilen. Wobei ich bei der B-Note schummelte: Die Grundschullehrerin konnte nicht ahnen, dass ich beim Schönschreiben Großbuchstaben wie E oder F mit dem Lineal gezogen hatte und dafür jede Menge grüne Punkte einheimste. Grüner Punkt im Heft, Grüner Punkt auf dem Tetrapack. Toll gemacht!

Zu den bewährten Disziplinarmaßnahmen gehörte Ende der 1990er Jahre noch das In-die-Ecke-Stellen, genauso wie

«Strafarbeiten» und Einträge ins Klassenbuch. Einmal musste ich 20 gleiche Buchstaben aus der Zeitung ausschneiden und auf ein Blatt Papier kleben, weil ich einem Klassenkameraden angeblich ein Schimpfwort hinterhergerufen hatte. Die Sträflingsarbeit löste zu Hause leichte Irritationen aus, weil so eigentlich nur Entführer kommunizierten (zumindest im Fernsehen). Auf welche Zukunft wurde man da vorbereitet?

Unser «Medienraum» im Gymnasium in Stuttgart-Bad Cannstatt war eine fensterlose Rumpelkammer, wo in einem TV-Schrank mit abschließbaren Seitentüren ein Röhrengerät verstaut war – so als müsste man das Gerät vor der Schülerschaft verstecken. Dort, im stillen Kämmerlein im zweiten Stock, wurden uns alte Filmklassiker vorgeführt. «Die Klassenlehrerin», «Tote tragen keine Karos», was die Lehrer halt so im verstaubten Archiv fanden. Leider blieb das TV-Gerät von digitaler Obsoleszenz verschont. Der Erdkundelehrer zeigte alte Dia-Fotos, der Biolehrer schob im Sexualkundeunterricht VHS-Kassetten aus den 80ern ein (Petting!), und im Französischunterricht schepperte aus den Boxen des CD-Players die nächste Découvertes-Lektion: «Arthur est un perroquet». Wir lernten Vokabeln wie «Rollschuhfahren», obwohl wir längst mit Inlinern unterwegs waren, und in den Schulbüchern hatten die Protagonisten noch ihren Walkman, wo wir Jugendliche doch schon längst illegal heruntergeladene Musik auf MP3-Playern hörten.

Wir schleppten das analoge Gepäck unserer Elterngeneration noch eine Weile mit uns herum. In unseren Kinderzimmern hörten wir Benjamin-Blümchen- und Bibi-Blocksberg-Kassetten, und wenn der Kassettenrekorder mal wieder

Bandsalat produzierte, wurde das Magnetband mit einem Bleistift durch die Spule aufgerollt – eine Kulturtechnik, die außer uns, der letzten analogen Nachhut, wohl kaum jemand mehr beherrscht.

Ich bin Teil einer Schwellengeneration: Das Internet kam gerade auf, da spielten wir noch mit Wählscheibentelefonen und Agfamatic-Kameras. Aus unserer Kindheit gibt es keine Handyfotos, sondern Abzüge, die man entwickeln musste und in Alben einklebte. VHS-Kassetten, für die es heute womöglich gar kein Abspielgerät mehr gibt. Als noch nicht jeder mit einer Handykamera herumlief und die Zeichen inflationierte, musste man sich noch genau überlegen, welches Motiv man mit den verbliebenen vier oder fünf Fotos des Farbfilms noch knipsen will. Die Schönheit des Augenblicks stand unter Selektionsdruck. Es war die Zeit, in der man Reklame noch nicht wegklickte, sondern auf der Couch Werberaten machte. Eine Zeit, in der die Wirklichkeit noch ungefiltert war, in der man noch nicht mit der permanenten Dokumentation des Moments beschäftigt war, weil man Angst gehabt hätte, etwas zu verpassen. Wir litten noch nicht unter FOMO (*Fear of missing out*). Zwischen dem «Wort zum Sonntag» und Sabine Christiansen passierte auch wenig. Die Ereignisarmut wurde an sonntäglichen Familientreffen bei Apfelstrudel und Eierlikör im Zigarettendunst von Ernte 23 erstickt.

Unsere Jugend war papieren. Wir wälzten Reisekataloge und Atlanten, telefonierten Telefonkarten ab und tauschten Diddl-Blöcke. Statt Tinder gab es «Herzblatt», statt Amazon den Quelle-Katalog, statt Facebook Poesiealben. Wenn wir einem Mädchen oder Jungen in der Schule Avancen machen wollten, schrieben wir keine Textnachricht, sondern einen Zettel: «Willst du mit mir gehen? Ja? Nein? Vielleicht? Bitte ankreuzen.» Doch während wir uns in die wurmstichigen Tretnähmaschinen von Oma verkrochen und mit dem Schubrad als imaginärem Lenkrad eine Autofahrt simulierten, brach sich eine Technologie Bahn, die wie ein Teilchenbeschleuniger der modernen Gesellschaft wirken sollte: das World Wide Web. Doch der Reihe nach.

Deutsche Tüftler haben Technikgeschichte geschrieben: Konrad Zuse erfand 1941 den Computer, Jürgen Dethloff und Helmut Gröttrup schufen 1969 die erste Chipkarte, und das MP3-Format wurde 1988 am Fraunhofer-Institut entwickelt. Doch irgendwann hat Deutschland den Anschluss verpasst. Die nächsten Innovationen kamen von der anderen Seite des Atlantiks – aus den USA. Von dort aus haben die Heimcomputer ihren Siegeszug angetreten: Atari ST, C64, Mac und wie sie alle hießen. Das waren die Klassiker. In den USA stand 1995 bereits in 18 Millionen Haushalten ein PC mit Modem-Anschluss.[6]

Zwar wurde der Heimcomputer in Deutschland durch Ketten wie den PC-Discounter Vobis seit Beginn der 1990er Jahre zu popularisieren versucht. Trotzdem wurden Computer immer noch als Spielzeug für Elektronik-Freaks und Nerds belächelt. Der Otto Normalverbraucher konnte mit Größen wie ROMs und RAMs nichts anfangen. Unsere Eltern, die ihre Bewerbung noch auf der Schreibmaschine getippt hatten und sich «Elektronnik» (mit kurzem o) von Joachim Bublath in der Knoff-Hoff-Show erklären lassen mussten, begegneten der neuen Technik mit einer Mischung aus Distanz und Skepsis. Das Paperless Office war schon in den 1970er Jahren ausgerufen worden, aber man schickte noch immer haufenweise Post. Das Betriebssystem, das in der Bonner Republik installiert war und von der Berliner Republik nicht wieder deinstalliert wurde, hieß: Papier. Was einmal etabliert ist, wird nicht wieder abgeschafft. Pfadabhängigkeit nennt sich das in der Politikwissenschaft. Die pferdeschwänzigen Computerverkäufer, die mit ihren durchgeschweißten Hawaiihemden an irgendwelchen Platinen herumschraubten, fanden wir damals schon etwas abstoßend. Computerläden hatten den Charme von Hinterhofgaragen.

Richtig sexy wurde der Computer erst mit Windows 95, das Microsoft im namensgebenden Jahr mit großen Fanfaren auf den Markt rammte. Der Konzern scheute weder Kosten noch Mühen. 200 Millionen Dollar machte er für sein Werbebudget locker. Für kolportierte 3 Millionen Dollar kaufte Bill Gates die Rechte an dem Rolling-Stones-Song «Start me Up». Der altehrwürdigen Londoner «Times» überwies Microsoft eine halbe Million Dollar, damit diese ihre Gesamtauflage auf 1,5 Millionen Exemplare verdreifachte und verschenkte.[7] In Toronto wurde am CN Tower ein 90 Meter langes Banner mit dem Windows-95-Logo enthüllt. Und in New York wurde das Empire State Building in den Windows-Farben rot, gelb und blau angestrahlt.[8]

Microsoft inszenierte den Start seines neuen Betriebssystems als megalomane Show: Zur Produktpräsentation wurde eigens Late-Night-Star Jay Leno aus Los Angeles an den Firmencampus nach Richmond bei Seattle eingeflogen, der die 9000 «Microsofties» – so nannte man die Mitarbeiter des Tech-Konzerns – in einem riesigen Festzelt begrüßte. Und dann stand da dieser schüchterne Chef einer einstigen

Garagenfirma mit dunkelblauem Poloshirt und beiger Stoff-
hose auf der Bühne, als hätte gerade der Pausenclown den
Streber aus dem Klassenzimmer gezerrt – und rockte die IT-
Welt. Gates' kühne Vision: in jedes Zuhause einen Computer
zu bringen.

Die schöne neue Welt kündigte sich mit einem Jingle an,
den der Starproduzent und einstige Roxy-Music-Mastermind
Brian Eno komponiert hatte. Der Windows-95-Sound ging
unserer Generation ins Ohr. Er war, wenn man so will, der
erste Klingelton. Oder um es im Microsoft-Sprech zu sagen:
das Fenster zu einer neuen Welt.

Windows 95 kam mit einer intuitiven Benutzeroberfläche
daher: Statt eines Programm-Managers gab es ein Startmenü,
das sich durch den – längst ikonischen – Start-Button öffnen
ließ; auf dem Desktop, dem Hauptarbeitsplatz, ließen sich
Verknüpfungen erstellen. Neu waren auch die Zubehörpro-
gramme wie die Grafiksoftware Paint, mit der man erstmals
den virtuellen Pinsel schwingen konnte. Nach dem Her-
unterfahren leuchtete auf dem Monitor in müllabfuhroran-
genen Lettern die Meldung auf: «Sie können den Computer
jetzt ausschalten.» Damals musste man noch den Haupt-
schalter betätigen, damit die Kiste endgültig aus war. Der
Computer war dafür zu faul. Und doch hatte das Betriebssystem für damalige Verhältnisse mächtig PS unter der Haube:
Es bestand aus elf Millionen Zeilen Programmiercode.[9] Zum
Vergleich: Das Weltraumteleskop Hubble kommt mit etwa
50 000 Zeilen Code aus.

Windows 95 löste einen Computer-Boom aus. Die Leute
rannten den Geschäften die Türen ein, um eine der begehr-
ten himmelblauen Schachteln zu ergattern. Darin enthalten:

Disketten, eine CD-Rom (mit kurzem «o» ausgesprochen, «CD-Romm») sowie ein Internet-Explorer-Starter-Kit. Das war eine Kampfansage – und der Beginn des ersten «Browserkrieges». Denn 1995 dominierte noch ein anderer Webbrowser: der Netscape Communicator, aus dem später Mozilla Firefox hervorging. Entwickelt wurde er von Marc Andreessen, einem 1,96 Meter großen Hünen aus der Provinz von Iowa, der das äußere Erscheinungsbild eines Fleischers hatte und später zu einem der einflussreichsten Investoren des Silicon Valley avancierte. Schon in der Schulzeit bastelte er mit dem legendären Heimcomputer Tandy TRS-80 eine Rechenmaschine für seine Mathehausaufgaben.[10] Während seines Studiums an der University of Illinois at Urbana-Champaign entwickelte er den Browser Mosaic.

Zwar konnten die damaligen Browser, die auf so melodische Namen wie Viola, Samba oder Cello hörten, schon Grafiken und Tabellen anzeigen. Neu war jedoch, dass Mosaic auch Bilder in Texte integrieren konnte. Nach dem Studium ging Andreessen ins kalifornische Tech-Mekka, wo er mit dem Entrepreneur Jim Clark den Netscape Communicator schuf. Als Netscape 1994 an den Start ging, war der frischgraduierte Andreessen gerade mal 23 Jahre alt. Den Lifestyle eines Studenten behielt er noch eine Weile bei: Er stand spät auf und arbeitete bis spät in die Nacht, und sein Kleidungsstil entsprach in etwa dem Dresscode einer Bad-Taste-Party. Aber der Softwareentwickler, der so schnell sprach wie er programmierte, machte klare Ansagen: Das Web würde Betriebssysteme wie Windows «irrelevant» machen.[11] Auf dem Höhepunkt hatte Netscape einen Marktanteil von 90 Prozent. 1995 in dem Jahr, als Netscape an die Börse ging,

druckte das Magazin «Time» Andreessen unter der Überschrift «The Golden Geeks» auf dem Titel ab – auf einem gol-
denen Thronsessel mit purpurfarbenem Bezug.[12]

Zwar wurde Andreessen mit seinem Browser schnell
vom Thron gestoßen. Nachdem AOL das Unternehmen für
4,2 Milliarden Dollar übernommen hatte, ging es mit Netscape und dem Mutterunternehmen rasch bergab. Doch der
bestens vernetzte Unternehmer wurde zum Königsmacher:
Seine Beteiligungen waren später oft entscheidend für den
Erfolg von Start-ups. So investierte er früh in Facebook und
Twitter – und verhalf den Unternehmen damit zum Durchbruch. 1995, schrieb das Technik-Magazin «Wired» einmal,
war das «Einführungsjahr des 21. Jahrhunderts».[13]

Amazon war eine kleine Online-Klitsche, die in Jeff Bezos'
Garage in Bellevue, einem Vorort von Seattle, residierte. Weil
es dem Start-up an Liquidität mangelte, zimmerte Bezos die
ersten Schreibtische aus Türrohlingen einer Baumarkt-
kette.[14] Alles war ein Provisorium: Während sich seine Frau
und ein paar Angestellte der ersten Stunde um die Buch-
haltung kümmerten, werkelte der Amazon-Gründer mit seinen Programmierern Shel Kaphan und Paul Davis an den
Servern, die so viel Strom verbrauchten, dass im Hause Bezos immer wieder die Sicherungen durchbrannten. Die Start-
up-Gründer mussten Verlängerungskabel in andere Räume
verlegen, damit die Server weiterlaufen konnten – mit der
Folge, dass man noch nicht mal mehr einen Haartrockner
oder Staubsauger einschalten konnte.[15]

Unser Generationsgenosse Mark Zuckerberg, Jahrgang
1984, spielte da gerade Computerspiele auf dem alten Atari
800 seines Vaters, Arcade-Games wie Ninja Turtles etwa.[16]

Mit elf Jahren bekam er seinen ersten eigenen Computer, auf dem er nach der Schule stundenlang programmierte.[17]

Auch ich war ein Nerd. Noch unbebrillt und ohne Programmierkenntnisse, aber mit großer Affinität zu Computerspielen. Von einem Bekannten hatte ich die Fußballsimulation «Fifa 94» bekommen, einen Dinosaurier der Videospielkultur. Der Weltfußball passte noch auf drei Disketten. Die Floppy Disk, wie der Datenträger auch genannt wurde, war so etwas wie das erste digitale Flugblatt, das gerne auch mal unter der Hand herumgereicht wurde. Ich erinnere mich, wie ich mit meinem Vater das Spiel auf dem Desktop-Rechner installiert habe (damals noch auf Windows 3.11): Man schob die Diskette in das Laufwerk, hackte ein paar Befehle in die Tastatur, dann las das Installationsprogramm die Ordner aus.

«Fifa 94» war der Urahn eines Spieleklassikers, der unsere Generation fortan begleiten sollte. Das Menü war minimalistisch, die Grafik pixelig, der Sound synthetisch. Als Formation hatte der Spieler die Wahl zwischen Dreierkette, Viererkette oder Libero. Taktische Finessen wie abkippende Sechs und falsche Neun waren noch Zukunftsmusik. Dafür gab es die standesgemäße Platzwahl mit dem in schwarz gekleideten Unparteiischen, bei der der Spieler zwischen Kopf oder Zahl wählen konnte. Da der Spielentwickler EA Sports noch keine offizielle Lizenz für Spielernamen hatte, stürmten für die deutsche Nationalmannschaft Jörg Rohrer und Heini Lenhardt. Die Avatare mit den kurzen Sporthosen im 80er-Jahre-Stil bewegten sich noch etwas grobmotorisch übers Feld und waren auch spielerisch eher limitiert: Die bevorzugte Schusstechnik war Pike. Es handelte sich um eine Art virtuelles Tipp-Kick, nur dass sich der Druckknopf auf der Tastatur befand. Für unsere Väter, die noch das Telespiel «Pong» auf dem Atari-Rechner zockten und in verrauchten Kneipen am Flipper-Automaten hingen, war das ein Quantensprung. Die Flugbahn des Balles war so schön und spektakulär – ein Ballistiker hätte sie nicht besser modellieren können. Und dann der fulminante Torjubel, bei dem der Spieler durch den halben Strafraum sprang (die Programmierer müssen sich da wohl etwas vertan haben). Mit dem deutschen Nationalteam lieferte ich mir episch lange Duelle gegen die Holländer, die das stärkste Team waren und deren *Voetbal total* mich fast zur Verzweiflung brachte. Noch heute habe ich die Sprechchöre im Ohr, die sich wie eine Dauerschleife wiederholten. Wobei ich immer noch nicht weiß, ob die Fans «Pfeife» oder «Scheiße» skandierten. In den Nachfolgeversionen wurde die Grafik immer aufwendiger, das Spielgeschehen immer realistischer. Die nächste Entwicklungsstufe kam mit «Fifa 97» mit den legendären Kommentatoren Wolf-Dieter Poschmann und Kalli Feldkamp (letzterer wurde in «Fifa 98» durch Werner Hansch ersetzt).

Mein Kumpel P., den ich schon aus dem Kindergarten kannte, hatte immer die neuesten Gadgets am Start: Puky-Roller, Blinkschuhe, Game Boy Color. Und natürlich die Nintendo-Konsole. Nach der Schule warfen wir unsere Scout-Ränzen in die Ecke, fläzten uns auf den Sitzsack und zockten «Mario Kart», bis wir viereckige Augen bekamen. P.s Eltern hatten, pädagogisch leicht ungeschickt, die mahagonifarbene Schrankwand und den darin befindlichen Fernseher samt Konsole mit einem Schlüssel abgesperrt. Die Kindersicherung war jedoch so laienhaft, dass mein Freund das Versteck auffand und den Schlüssel vor versammelter Mannschaft in der Schule mit triumphierender Geste vorzeigte.

Unsere Eltern und Großeltern trugen die Sorge, dass mit dem Konsum von Videospielen eine Generation von hyperaktiven Bildschirm-Zombies heranwachse, Zappelphilippe, die nur stillhalten, wenn die Glotze an ist. Doch der Versuch, die Bildschirmzeit zu beschränken, war so verzweifelt wie vergeblich. Wer lässt sich schon gerne sein Spielzeug wegnehmen? Und so bretterten wir mit unseren Go-Karts als Yoshi, Bowser oder Toad über die Strecke und bewarfen uns mit Bananenschalen oder Schildkrötenpanzern. Und stopften uns noch ein paar Maoams rein.

2. Deutschland im Börsenfieber

Die Bonner Republik war geschmacklich irgendwo zwischen Werther's Echte und Hubba-Bubba-Kaugummi angesiedelt: Es zog sich und war zäh. Die Deutsche Telekom, die aus dem traditionsreichen Staatsbetrieb der Deutschen Bundespost hervorging und gerade den Internetdienst T-Online lanciert hatte, setzte daher auf Altbewährtes, als sie für ihren Börsengang einen TV-Spot mit dem Fernsehgesicht Manfred Krug ausstrahlte. Der Schauspieler, der Allgemeinheit als «Liebling Kreuzberg» bekannt, schlendert dort lässig mit offenem Hemd über den knarzenden Dielenboden seiner Wohnung, in der einen Hand ein Glas Milch, in der anderen Hand eine Kanne.[1] Im Hintergrund: rote Samtvorhänge und bunte Möbel. Draußen heulen die Sirenen. «Tatütata. Mich meinen die nicht», sagt Krug. «Ich bin zwar jetzt mitten in der Nacht in meiner Bank. Aber legal. Mit T-Online von der Telekom. Über anderthalb Millionen machen da schon mit.»

Krug hackt etwas in die Tastatur seines Computers. Auf dem klobigen Monitor sieht der Zuschauer Zahlenkolonnen im Format des Teletexts – das Internet, genauer gesagt: die spartanisch anmutende Webseite von T-Online. «Also da ist Deutschland wirklich führend. So weit sind nicht mal die Amerikaner», fährt der Schauspieler fort und setzt, in die Kamera blickend, unter dem 80er-Jahre-Brillengestell diesen vertrauenswürdigen Manfred-Krug-Blick auf: «Und wenn die Telekom jetzt an die Börse geht, geh ich mit. Und Sie?»

Der Volksschauspieler warb für die «Volksaktie». Der Spot lief rauf und runter. In Deutschland, so heißt es, könne man nur Kanzler werden, wenn man dem Bürger einen Gebrauchtwagen verkaufen könne. Krug, dieser anständige, seriöse Mann mit dem Kummerkastengesicht, der die deutsch-deutsche Geschichte wie kein Zweiter verkörperte, hätte alles verkaufen können – Staubsauger oder Schrottpapiere, ganz egal.

Deutschland war im Aktienfieber. Man raunte über die Milliardäre im Silicon Valley, über virtuelle Shopping-Malls, die keinen Ladenschluss und keine Landesgrenzen mehr kennen, über «Informationsterminals» und «tragbare Marktplätze». Wenn künftig die Weltwirtschaft von «Telebanking» und «Teleshopping» bestimmt werden würde, so ging die etwas schiefe Erzählung, dann würde für einen global agierenden Telekommunikationskonzern einiges an Gewinn abfallen. Die sonst so risikoaversen Deutschen, die ihr Geld bis dato lieber aufs Sparbuch packten als es zu einem windigen Finanzberater zu tragen, zeichneten plötzlich wie verrückt Aktien. Selbst Hausfrauen, die schon beim Abschluss einer Lebensversicherung zögerten, zockten mit. Die Hotline 0130/1996 brach zusammen, drei Millionen Bundesbürger ließen sich registrieren, um ein Vorkaufsrecht zu erwerben. 86 Millionen Mark machte die Telekom für die gewaltige Werbekampagne locker.[2] Die *German Angst* war wie weggeblasen.

Der damalige Telekom-Chef Ron Sommer wollte aus dem maroden Staatsbetrieb einen modernen Börsenkonzern machen, einen Global Player. Schneller, schlanker, wendiger sollte die einstige Behörde werden. Schon der Name Ron, eine Abkürzung von Aaron. Das klang sportlich, zackig, chef-attitüdig. Nach Corner Office, flachen Hierarchien und schnellen Entscheidungen. Also mehr nach Boston Consulting Group als nach Bonn. Die deutsche Wirtschaft war dominiert von traditionsbewussten Industriekapitänen. Familienunternehmen wurden von autoritären Firmenpatriarchen beherrscht. In den Staatsbetrieben regierten meist blasse Behördenleiter. Mit Sommer betrat jedoch ein neuer Managertypus die Bühne: charismatisch, schillernd, mitreißend. Der «Sunnyboy mit Ganzjahresbräune» (Deutsche Welle)[3] hätte genauso gut Werbung für Dreiteiler bei Peek & Cloppenburg machen können.

Die Außendarstellung war Sommer wichtig. In einer seiner ersten Amtshandlungen verpasste er der privatisierten Telekom AG einen neuen Anstrich: Das Magenta sollte stilbildend für die nächsten Jahre seiner Regentschaft sein. Als die deutsche Wirtschaft noch «Hochzeiten im Himmel» (DaimlerChrysler) feierte und «Flugscham» ein Fremdwort war, schwebten deutsche Top-Manager wie Sommer oder Thomas Middelhoff mit der Concorde zu Geschäftstreffen ein – First Class, versteht sich. Viele fanden das abgehoben, und bodenständige Analysten betrachteten den ikarushaften Aufstieg der Überflieger mit Skepsis. Doch viele Bürger waren von den Gewinnversprechen am Neuen Markt geblendet.

Wir verstanden noch nichts von Aktiengeschäften. Aber wir spürten diese fiebrige Stimmung, die in der Luft lag. Jeder wollte mitverdienen. Ich erinnere mich noch, wie auf dem Pausenhof Leute diese bescheuerte T-Geste mit den Händen formten. Das Zeichen stand eigentlich für eine Auszeit im Sport («Time-Out»), wurde aber durch die Telekom-

Werbung so umcodiert, dass man es nur noch mit dem Konzern assoziierte.

Die Telekom machte werbetechnisch mobil. In einem vor Modernisierungspathos nur so triefenden Werbespot ließ sie den Architekten Wolfgang Döring durch das nächtliche Berlin flanieren und so pathetische Sätze sagen wie: «Dank Telekommunikation können wir heute schon in der Zukunft spazieren gehen – im Cyberspace, einer digitalen Welt, die wir über Daten-Infobahnen erreichen.»[4] Er sagte nicht «Cyberspace», sondern «Zyberspace» – so wie die Leute, die nach der Einführung des Euro «Zent» statt «Sent» sagten (wir kommen noch darauf zu sprechen). «Virtuelle Realität im dichtesten Glasfasernetz Europas», stand da. «Bauherr: Deutsche Telekom.» Wie das bei Großbauprojekten in Deutschland halt so ist, dauerte das mit dem Breitbandausbau am Ende etwas länger. Aber Rom wurde auch nicht an einem Tag erbaut. Und es gab wahrlich andere Großbaustellen im Land. Doch zumindest sportlich lief es rund.

Deutschland hatte im Sommer 1996 die Fußball-Europameisterschaft gewonnen – durch das erste «Golden Goal» der Geschichte: Oliver Bierhoff verarbeitete eine Flanke seines Sturmkollegen Jürgen Klinsmann, drehte sich in bester Gerd-Müller-Manier in seinen Gegenspieler Kadlec rein und zog mit links ab. Bum. Tor. Man kann das heute alles auf Youtube nachschauen. Die Stimme des Kommentators Béla Réthy überschlug sich: «Bierhoff. Kann sich durchsetzen. Kuuuuuubaaaaa. Unnnd Deutschland ist Europameister.» Die Nation stieß einen Jubelschrei aus. Bierhoff riss sich das Trikot vom Leib und rannte auf die mitgereisten deutschen Schlachtenbummler zu, der alte Kämpe Dieter Eilts hum-

pelte über den englischen Rasen, und selbst der sonst so
emotionsarme Bundestrainer Berti Vogts ballte die Faust.
Bundeskanzler Helmut Kohl und DFB-Präsident Egidius
Braun standen etwas linkisch neben der Queen auf der
Ehrentribüne. Und Béla Rethy, der unserer Generation als
Fußballkommentator leider erhalten bleiben sollte, dozierte
beflissen, dass der EM-Pokal einer griechischen Amphore
nachempfunden sei: «Unheimlich praktischer Pokal mit zwei
Griffen, da kann man viel Champagner reinkippen und sich
daran festhalten.»[5]

Es war das erste sportliche Highlight, das unsere Generation erlebt hat, und mit all dem Wembley-Revanchismus, der
hernach in den Gazetten zu lesen war, konnten wir sowieso
nichts anfangen. Wir hatten kiloweise Hanutas und Duplos
gegessen, um die Ferrero-Team-Sticker zu sammeln und in
ein Album einzukleben. Schmeckte zwar nicht sonderlich,
aber was tat man nicht alles für ein volles Album. Matthias
Sammer, Mehmet Scholl, Mario Basler – das waren die Stars
der Zeit. Jürgen Kohler, der alles weggrätschte, was ihm in die
Quere kam, musste nicht Instagram-tauglich sein, Jürgen
Klinsmann machte auch so mit seinem Schwiegermutterlä-
cheln *bella figura*. Als die Deutschen 1996 mit dem Stolz des
Europameisters mit Nationalmannschaftstrikot und Adiletten
am All-inclusive-Buffet aufschlugen und in imperialer Manier
Strandliegen mit Handtüchern in Ferienkolonien besetzten,
werkelten die beiden Informatik-Studenten Sergey Brin und
Lawrence Page im Studentenwohnheim von Stanford gerade
an einer Suchmaschine: Google (dazu später mehr).

In den USA wurden erstmals mehr Mails als Briefe verschickt, in Israel wurde die Messenger-App ICQ gegründet

(auch dazu später mehr), und in einem fensterlosen Lager-
raum in Downtown Seattle saß ein gewisser Jeff Bezos, der
bis in die Nacht Pakete schnürte und sie am nächsten Tag zur
Post fuhr.[6] Es kam etwas in Bewegung. Der US-Kongress hatte
im Februar 1996 ein Gesetz verabschiedet, das die Kommuni-
kationsstruktur des Landes neu ordnete: den Communicati-
ons Decency Act.[7] Section 230 schreibt zum einen vor, dass
Plattformen nicht verantwortlich sind für Inhalte. Zum anderen, dass sie löschen können, wie und was sie wollen. Jemand nannte das mal die 26 Worte, die das Internet schufen.[8]

Und in Deutschland? Da diskutierte die Politik noch, ob
das Internet unter Länderaufsicht gestellt werden sollte.[9]
Blättert man in der Archiven der Plenarprotokolle des Deutschen Bundestags, fiel der Begriff «World Wide Web» bis 1996
im Parlament exakt drei Mal. Zweimal wurde er vom SPD-Ab-
geordneten Jörg Tauss in den Mund genommen, einmal vom
damaligen Bildungs- und Forschungsminister Jürgen Rüttgers. Tauss schenkte dem Minister ordentlich ein: «[...] Sie
kommen mir vor wie ein Wasserwerksdirektor, der immer
sagt: Die Leitung ist in Ordnung, der sich aber nicht um das
Wasser kümmert –; es geht vielmehr um die Inhalte.»[10]

Die Politik stand buchstäblich auf der Leitung. Der bereits 1981 unter Helmut Schmidt beschlossene Aufbau eines
Glasfasernetzes wurde gestoppt, stattdessen ordnete Kohl
die Bundespost an, TV-Kabel zu verlegen – zunächst in
einem Pilotprojekt in seiner Ludwigshafener Heimat.[11] Das
Ganze sollte die Meinungsvielfalt erhöhen, erklärte Kohl mit
barocker Geste in einer Regierungserklärung. Wir bekamen
also erstmal RTL statt DSL.

Die neue Zeitrechnung hatte längst begonnen, aber hierzulande wurden krämerisch die Sekunden gezählt. 1996 hatte die Telekom die «23-Pfennig-Einheit» abgeschafft und dafür den «12-Pfennig-Takt» eingeführt.[12] Deutschland, ein Land der Pfennigfuchser. Trotzdem war das Telefonieren noch immer teuer. So wurde für ein dreiminütiges Ferngespräch innerhalb Deutschlands über 200 Kilometer 1,74 DM berechnet.[13] Der Monopolist Telekom ließ sich seine Dienste einiges kosten. Auch Ortsgespräche waren nicht gerade billig. Ein einfaches «Hallo, wie geht's» kostete schon 12 Pfennig. «Peter zahlt» (auf der Seite konnte man per Callback günstig und zum Teil kostenlos telefonieren) war noch nicht erfunden, und das Internet noch immer teuer. Wer sparen wollte, konnte mit dem Mondscheintarif günstiger telefonieren.[14] Das klang in den Ohren von «Mr. Telekom» Ron Sommer nicht attraktiv genug, also nannte er ihn in «Sunshine- und Moonshine-Tarif» und «City-Calls» um, was ihm 1998 die Auszeichnung «Sprachpanscher des Jahres» eintrug. Die Jury des Vereins Deutsche Sprache würdigte in ihrer Begründung das «pseudokosmopolitische Imponiergehabe».[15] Das kulturelle Erbe Sommers trat im Folgejahr Bahnchef Johannes Ludewig an, der die maroden deutschen Bahnhöfe mit «service points», «ticket counters» und «McCleans» flott machen wollte.

Als letzte Bastion gegen die drohende Amerikanisierung, die Kulturpessimisten zwischen Drive-Ins und «DB Lounges» heraufziehen sahen, erwiesen sich die gelben Telefonzellen, die wie Vorzeit-Relikte aus den analogen Endmoränen deutscher Städte herausragten. Die «öffentlichen Fernsprecher», wie die Stadtmöbel im Amtsdeutsch genannt werden, gehörten zum Inventar der Stadt: Sie waren Kulisse für surreale Filme («La cabina»), Thriller («Nicht auflegen») und Comedy

(«Heinz Becker»), Schauplatz von Liebesdramen und Verbrechen. Jeder kann eine Geschichte von den vergilbten Telefonbüchern und schmierigen Telefonhörern erzählen, die man mit dem virologischen Wissen von heute wohl nicht mehr anfassen würde. In den klaustrophobisch engen Kabinen roch es modrig und vermufft, zuweilen auch nach altem Zigarettenrauch, weil das metallene Münzauswurffach als Aschenbecher genutzt wurde. Den über dem Telefonhörer platzierten Beipackzettel «Nimm Rücksicht auf Wartende – Fasse dich kurz» ignorierte manche Quasselstrippe geflissentlich, weshalb es vor den gelben Häuschen öfter mal zu Warteschlangen kam.

Das Stadtmöbel war für Jugendliche damals insofern ein interessanter Experimentierraum, als man sich darin in eine analoge Filterblase zurückziehen konnte. Wenn es in der Mittagspause in der Schule langweilig wurde, riefen wir mit verstellter Stimme kostenlose Hotlines der Deutschen Telekom an. Später spielten wir auf der Seite Marcophono («Ihre Pizza kommt später!») Telefonstreiche via Internet. Es war die Zeit, als noch stapelweise Telefonbücher und Gelbe Seiten in die Haushalte geliefert wurden und das rote Lämpchen des Anrufbeantworters blinkte. Für das Kinoprogramm oder Schwimmbadöffnungszeiten, die man noch nicht googeln konnte, wählte man die Nummer der Auskunft (11 88 0: «Da werden Sie geholfen»). Die gelben Häuschen wurden Ende der 90er Jahre sukzessive ausrangiert und durch graumagenta-farbene Modelle ersetzt. 2019 wurde das letzte Exemplar abgebaut, ironischerweise im Wallfahrtsort St. Bartholomä in Bayern.[16] Heute gibt es noch 14 500 öffentliche Telefonzellen in Deutschland.[17] Sie sterben einen stillen Tod.

Waren das noch Zeiten, als man im Urlaub Telefonkarten mit bunten Postkartenmotiven in der Tasche oder um den Hals baumeln hatte! Die Plastikkarte mit Guthaben von 12, 20 oder 50 Mark wurde einfach in das Karteneinschubfach geschoben, um anschließend den Betrag «abzutelefonieren». Die tickende Uhr auf dem Display signalisierte, wie kostbar die Gesprächszeit war, vor allem, wenn es sich um ein Ferngespräch handelte. Es galt sich kurzufassen. Für Menschen in einer Fernbeziehung wurden «Fernsprechquickies» zur beliebten Sprechübung. Das globale Dorf war schon Jahrzehnte zuvor ausgerufen worden, aber die Deutsche Telekom unterschied noch immer zwischen Orts- und Ferngespräch.

Immerhin war die Telekom so progressiv, ihren wichtigsten Datenschatz, die Telefonnummern ihrer 34 Millionen Kunden, von ihrer Tochter DeTeMedien auf eine CD-ROM pressen zu lassen. «Telefonbuch für Deutschland – die eine für alle»« nannte sich die Scheibe, die auf der Bestseller-Liste der CD-ROMs auf Platz 1 landete.[18] Spiele und Musik waren auch ganz nett, aber am liebsten mochten die Deutschen dann doch Adressen. Für 29,50 Mark konnte man in dieser riesigen Datenbank nach Orten, Vor- und Nachnamen, nach Straße, Postleitzahl und Vorwahl suchen. Heute reicht es, dasoertliche.de aufzusuchen oder einfach zu googeln, um eine Telefonnummer herauszufinden. Damals aber war die Suchhilfe das Tool der Stunde – ein kleines Statistikbüro auf dem PC, das offline zur Recherche konsultiert werden konnte, so oft man wollte. Was für ein Service! Gekränkte Menschen konnten nach ihren Verflossenen suchen, Hobby-Detektive nach möglichen Gesetzesbrechern fahnden. Dank

Exportfunktion kamen auch Makler, Vertreter und Telefon-
marketing-Firmen auf ihre Kosten. Klingelt's?

Dem in Fragen der Datenschutzgrundverordnung (DSGVO)
sensibilisierten Beobachter stellen sich bei solchen Prakti-
ken natürlich die Nackenhaare auf. Das Geschäft mit den
Telefonnummern hatte seinerzeit die Deutsche Telekom
monopolisiert, nicht etwa Facebook oder Google. Nur war
die Konkurrenz schon vorher auf die Idee gekommen: Die
Mannheimer Softwarefirma Topware hatte bereits eine Tele-
fonbuch-CD («D-Info») auf den Markt gebracht. Die Sache endete vor Gericht. Die Telekom-Tochter verlangte von Topware Schadenersatz, weil die Firma Telefonbücher kopiert
und verkauft hatte, ohne für die Nutzung der Daten zu bezahlen.[19] Topware konnte zwar noch eine einstweilige Verfügung gegen die Telekom erwirken, musste später aber Insol-
venz anmelden.

Auch Harald Schmidt arbeitete sich an der Deutschen Telekom ab. In seiner Late-Night-Show auf SAT.1 zog er über
Frauen, Dicke und Polen her, dass heutige Meinungsmeteo-
rologen wohl die Beaufort-Skala erweitern müssten, um die
Heftigkeit des daraus folgenden Shitstorms zu messen. Mik-
rowellen seien «Frauen-Computer»? Damals wehte ein anderer Wind.

Das Format der Late-Night-Show war ein Kulturimport
aus der amerikanischen Unterhaltungsindustrie, der sich an
Vorbildern wie David Letterman und Jay Leno orientierte.
Nur Schmidt konnte dieses Genre in der deutschen Unter-
haltungslandschaft etablieren. Der Entertainer verstand es
wie kein Zweiter, Boulevard mit Hochkultur zu verbinden.
Bei ihm wurde die Ehekrise von Dieter Bohlen und Verona

Feldbusch genauso öffentlich und detailliert verhandelt wie die deutsche Rechtschreibreform. Kein Wunder, dass Schmidt von den Feuilletons geliebt wurde. Das Studio 449 in Köln-Mülheim, das niemand so charmant ansagen konnte wie der Sidekick Nathalie Licard, war so etwas wie der anarchistische Experimentierraum der Republik: Dort durfte man alles. Irgendwann, es muss in der Anfangszeit seiner Show gewesen sein, äffte er Oliver Kahn und dessen animalisches Gehabe auf dem Platz nach – im wahrsten Sinne des Wortes: Er plusterte sich auf, breitete die Arme aus und machte: «Uuuh-uuuh-uhhh». Kurze Zeit später hallten Affenlaute durch die Fankurven, sobald Kahn den Ball berührte: «Uuuh-uuuh-uhhh». Die Nation, Bayern-Fans ausgeschlossen, gab den Torhüter der Lächerlichkeit preis. Später flogen auch noch Bananenschalen auf den Rasen, sodass der Strafraum wie eine verwüstete Chiquita-Farm aussah.

Bei aller Feindschaft einte die beiden Kontrahenten, dass sie schon in den 90ern eine eigene Webseite besaßen. Auf www.kahn.de konnte man dem Bayern-Keeper mittels Morphing – einer Technologie, die heute unter anderem zur Fälschung von Passfotos genutzt wird – die Ohren mit der Maustaste langziehen.[20] Und wer www.schmidt.de besuchte (vom Seiten-Inhaber in der Sendung – Achtung, Polenwitz! – immer «wäwäwä» ausgesprochen), konnte sich nochmal die Sache mit den «Dicken Kindern von Landau» durchlesen.

Als Jugendlicher hat man den subversiven Humor nicht mal zur Hälfte verstanden, aber Schmidt war für uns so etwas wie ein Pausenclown, der sich gegen Konventionen auflehnte. 1996 startete der Entertainer die Aktion «Rinder gegen den Wahnsinn». In der Sendung trug er – in Anspielung an Aids – eine Schleife in Kuhhautmuster am Revers. Weil's doof aussah. Die Generation Golf (Florian Illies) parodierte sich selbst.

Der Rinderwahnsinn, auch BSE genannt, war die erste Erfahrung unserer Generation mit dem, was der Soziologe Ulrich Beck mal als «Risikogesellschaft» bezeichnete[21]: Überall geisterte das Schreckgespenst verseuchter Wurst- und Fleischwaren herum, auf dem Schulhof durch das analoge Twitter der Mundpropaganda verbreitet. Wer sein Wurstbrot aus der Tupperbox holte und das Klassenzimmer mit dem Duft von Leberwurst und Salami einräucherte, erntete kollektive Ekellaute. Und für uns Stadtkinder, die Kühe nur aus der Milka-Werbung kannten, waren tierische Produkte dann bald «voll eklig». Ein paar Klassenkameraden waren so verängstigt, dass sie fortan weder Fleisch noch Wurst aßen. Man musste gar keinen Veggie Day einführen. Das BSE-Label reichte aus.

Unsere Generation hatte vorher immer gedacht, Kühe würden friedlich auf saftigen Wiesen weiden und das Fleisch auf dem Teller käme von glücklichen Tieren. Zumindest wurde so etwas in der «Sendung mit der Maus» oder in «Neues vom Süderhof» suggeriert. Das durften selbst die Kinder schauen, deren Eltern das Fernsehen für eine Blödmaschine hielten und befürchteten, dass wir uns alle zu Tode amüsierten. Unser Biovorschullehrer Peter Lustig brachte uns mit einem «Kiefernzapfenregenmelder»[22] (das Ding hieß tatsächlich so!) das Ökosystem bei und warnte in seinem vermüllten Bauwagen vor Plastikverpackungen. Was uns aber nicht davon abhielt, uns den Magen mit Fast Food vollzuschlagen. Wir streckten unseren Eltern genauso die Zunge heraus wie das dicke Kind in der McDonald's-Werbung.

Freilich schauten wir auch jede Menge Trash: Die Talk-shows von «Vera am Mittag» und «Hans Meiser» oder «Rich-terin Barbara Salesch», wo ähnlich gelagerte Sozialfälle dann nochmal pseudo-juristisch verhandelt wurden. Oder «Takeshi's Castle» auf DSF: In der japanischen Kult-Spielshow mussten die tollkühnen Kandidaten über mehrere Hinder-nisse die Burg des Fürsten Takeshi einnehmen.

Und natürlich schalteten wir die Glotze ein, wenn nach-mittags um 16 Uhr «Baywatch – Die Rettungsschwimmer von Malibu» lief (von der Fernsehzeitung als «US-Action-Serie» kategorisiert) und Pamela in ihrem roten Badeanzug die vom Ertrinken bedrohten Badegäste aus dem Wasser zog, nach-dem sie sich vorher auf dem Bademeister-Aufsichtsstuhl noch lasziv die glatt rasierten Beine mit Sonnencreme ein-rieb (fast wie in der Werbung). Unsere Eltern witterten darin einen dümmlichen Sexismus, aber das machte es gerade in-teressant. Die zuweilen erteilten Fernsehverbote waren inso-fern doppelmoralisch, als sich unsere Eltern das Kabelfernse-hen wegen der RTL-Show «Tutti Frutti» mit Hugo Egon Balder anschafften. Dagegen war «Baywatch» fast schon prüde.

Pamela Anderson war das Sexsymbol der 90er. Um die Schauspielerin, die zwischen 1989 and 2016 14 Mal das Co-ver des «Playboy» zierte, entstand im Netz ein wahrer Perso-nenkult: Sie war der meistgesuchte Suchbegriff auf Lycos (vor Britney Spears und Anna Kournikova), es gab tausende Fanseiten, auf denen allerlei Fanartikel wie etwa Bildschirm-schoner heruntergeladen werden konnten (für diejenigen, die nicht immer die fliegenden Toaster sehen wollten). Ein anonymer Fan errichtete der «Queen of the Internet» sogar einen Schrein. So viel Ehrerbietung war selten.

Pamela war permanent in den Schlagzeilen – kein Wunder, dass sie auch zu einer der meistgeklickten Personen wurde. 1995 heiratete die Baywatch-Nixe den Rocker Tommy Lee – 96 Stunden nach dem ersten Kennenlernen. Zwei Jahre später tauchte im Web ein Sextape aus den Flitterwochen auf. Angeblich wurde das kompromittierende Video aus dem Safe in einer Garage gestohlen, so genau weiß das heute niemand. Es gibt auch Spekulationen, wonach die beiden das Video selbst geleakt haben könnten. Unstreitig ist, dass die Aktion ein genialer PR-Trick war. Das Internet war aber immer noch zu langsam, als dass darüber Videos hätten viral gehen können. Unser Youtube hieß damals Viva.

Der Musiksender, der deutsche Gegenentwurf zu MTV, bildete einen wohltuenden Farbtupfer in der deutschen TV-Landschaft. Sendungen wie «Interaktiv» oder «Was geht ab?» haben eine ganze Generation geprägt. TV-Sternchen Mola Adebisi, Gülcan Kaharanci (heutige Kamps) oder Enie van de Meiklokjes, die dank ihrer pink gefärbten Haare später als Testimonial für die Telekom-Werbung verpflichtet wurde, wären ohne den Musiksender wohl nie berühmt geworden. Viva hat das Musikfernsehen neu definiert – auch mit leisen, teils nachdenklichen Zwischentönen, die in der Vermarktungsmaschinerie der Plattenlabel sonst kein Echo gefunden hätten. Heike Makatsch fuhr 1996 als junge Moderatorin mit Falco in einer Stretchlimousine durch Wien, um mit ihm über Volksmusik und Alkoholismus zu sprechen. 2018 strahlte Viva die letzte Sendung aus – gegen Youtube und seine Autoplay-Funktion konnten selbst die besten Moderatoren nicht ankommen.

3. Die ersten Gadgets

Zum Sound der 90er gehörte auch das synthetische Gedudel des Gameboys. Bling, bling, bling bling. Düüüt-düüütt. Puf, puf. Dingeling. Die Klangqualität erinnerte ein wenig an die Midi-Dateien zu Beginn der Homepage-Bastelei. Wir hatten zu Hause einen Game Boy Pocket, eine etwas schlankere Version mit einem LC-Display (schwarz-weiß), der als Unterhaltungsangebot auf der Toilette bereitstand. Darauf spielten wir vorzugsweise «Super Mario Land» oder, na klar «Tetris». Das virtuelle Bauklötzchenspiel war eine Art Killer-App. Der Spieler musste verschiedene Puzzleteile – zum Beispiel L- oder Z-förmige Spielsteine – zu Blöcken aufschichten und diese sukzessiv abtragen. Das Tempo wurde mit fortschreitendem Level immer schneller, sodass es immer schwieriger wurde, die Blöcke zu formieren. Wenn das lang ersehnte I-Puzzleteil kam und krachend in den Block versenkt werden konnte, löste das eine veritable Endorphinkaskade aus. Wer einen Score von über 100 000 erreichte, wurde mit dem Start einer virtuellen Rakete belohnt – und durfte sich in die Bestenliste einreihen.

Entwickelt hatte das Spiel der russische Game-Designer Alexei Paschitnow. Als er eines Tages das Moskauer Spielwarengeschäft «Children's World» besuchte, blieb er an einem Regal mit «Pentomino» stehen – jenem nerdigen Geduldsspiel, bei dem aus jeweils fünf Quadraten bestehende geometrische Spielsteine zusammengepuzzelt werden müssen.[1] Der Informatiker, der im Computer-Center an der Wissenschaftsakademie in Moskau arbeitete, wollte das Spiel in Software abbilden. Weil jedoch sein Rechner – ein Elektronika 60 mit acht Kilobyte RAM – nur Text darstellen konnte, musste Paschitnow die Blöcke aus eckigen Klammern ([]) zusammensetzen.[2] So entstand 1984 «Tetris». Das in der Programmiersprache Pascal geschriebene Computerspiel kam mit 160 Programmierzeilen und 27 Kilobyte Speicher aus. Zum Vergleich: Eine durchschnittliche iPhone-App braucht heute 50 000 Programmierzeilen.

In der Sowjetunion existierte eine ausgeprägte Videospielkultur. In Militärfabriken wurden simple, nach japanischen Vorbildern modellierte Spiele programmiert.[3] Paschitnow hatte alle Rechte an Tetris für zehn Jahre an die Moskauer Wissenschaftsakademie übertragen. Das Spiel wurde auf Disketten herumgereicht, und über Umwege landete es in Ungarn. Dort wurde der Geschäftsmann Robert Stein auf das Spiel aufmerksam. Er reiste zu Paschitnow nach Moskau, doch die Rechteinhaberin, die staatliche Vermarktungsagentur Electronorgtechnica (Elorg), sperrte sich zunächst.[4] Die Verhandlungen zogen sich hin. Stein durfte das Spiel schließlich vertreiben, allerdings nur auf Desktop-PCs und nicht auf Konsolen.[5] Nach der Auflösung der Elorg 1996 kehrte Paschitnow, der nach dem Fall des Eisernen Vorhangs in die USA übergesiedelt war, nach Moskau zurück, wo er die Rechte an seiner eigenen Erfindung erwarb. Dann kaufte Nintendo die Lizenz.[6]

Dass ein Computerspiel aus einer sowjetischen Softwareschmiede die westliche Konsumkultur erobern sollte, könnte man für einen späten Triumph des Kommunismus halten. In Russland waren sie jedenfalls mächtig stolz auf diesen Exportschlager, zumal mit den Mini-Disks auch noch russisches Kulturgut verbreitet wurde: Die Spielmelodie von «Tetris» ist eine Abwandlung des russischen Volkslieds «Korobeiniki», das auf Nikolai Alexejewitsch Nekrassows gleichnamigem Gedicht von 1861 basiert. Jedes Kind der 90er kann diese Melodie mitsummen. Als Nintendo die Konsole 1989 auf den Markt brachte, war die Welt noch in Blöcken aufgeteilt. Jetzt löste man unter der Melodie eines russischen Volkslieds Blöcke auf. «Tetris fördert Kreativität anstelle der Zerstörung, wie du sie in all diesen Shooting-Games und den meisten anderen Spielen betreibst», sagte Paschitnow einmal in einem Interview. «Du fügst aus dem Chaos der zufällig herunterfallenden Teile eine neue Ordnung zusammen. Das gibt ein sehr gutes Gefühl.»[7]

Als ich vor kurzem wieder «Tetris» spielte, übermannten mich dieselben Gefühle wie früher: der Ärger über meine eigene Ungeschicklichkeit, das Unbehagen, Puzzleteile nicht logisch verknüpfen zu können. «Tetris» war eher etwas für Mathebolzen. Ich rannte auf dem Gameboy lieber mit Mario durch Fantasiewelten oder drehte meine Runden mit einem Rennwagen. Da es noch keine Smartphones gab, war der Gameboy das Gadget schlechthin. Auf dem Pausenhof tauschten wir Spiele auf Mini-Disketten wie Panini-Sticker. «F1 Race», «Street Fighter», «Adventure Island», solche Sachen. Oder tauschten Pokémon via Linkkabel. Wenn jemand die Spielkonsole beim Kindergeburtstag auspackte, verdrehten die Eltern ihre Augen. Der Moment, als der Gameboy

Color mit einem Farbdisplay auf den Markt kam, war für unsere Generation ein Erweckungserlebnis, ähnlich wie für unsere Eltern, als Willy Brandt 1967 auf der Internationalen Funkausstellung auf den Knopf drückte. Plötzlich war Farbe in der Welt!

Später spielten wir eine Zeit lang die Städtebausimulation «Sim City 2000» am Computer – noch so ein Klassiker. Das Spiel passte auf zwei Disketten, die als Sicherheitskopie (*räusper*) die Runde machten. Der Spieler musste eine Stadt vom Reißbrett entwerfen: Kraftwerke, Schienen und Straßen bauen, Strom- und Wasserleitungen legen, Wohn-, Gewerbe- und Industriegebiet ausweisen. Wenig später schossen dann Bürogebäude und Fabriken wie Pilze aus dem Boden, wuchsen Vorstadtvillen mit Pools aus der Landschaft. Das Bauland war begrenzt, sodass der virtuelle Stadtplaner eine leise Ahnung von Versiegelung und Flächenfraß bekam. Auch das Budget war limitiert. Mit zunehmender Einwohnerzahl stiegen die Bedürfnisse der Planstadt: Polizeireviere, Feuerwehren, Schulen und Museen mussten errichtet werden. Ein Klick, ein kurzes Presslufthammergeräusch, schon stand das Gebäude. Irgendwann brauchte es auch einen Flughafen und Häfen. Da es keine langwierigen Planfeststellungs- und Genehmigungsverfahren gab, konnte man wie ein Baumeister in einem autoritären Regime seine städtebaulichen Fantasien ausleben. Einen Gemeinderat gab es nicht, das Nimby-Problem («Not in my backyard») auch nicht. Der Spieler konnte wie ein Diktator den Steuersatz erhöhen oder das Budget für den Gesundheitssektor zusammenstreichen – ohne, dass die Bevölkerung aufbegehrte. Demonstrationen oder Aufstände brauchte man nicht zu fürchten, die Sims folgten den vorgegebenen Linien der autoritären Smart City. Alternativ konnte man eine progressive Öko-Modellstadt mit Solar- und Windkraftwerke aus dem Boden stampfen (mit fortgeschrittener Spielzeit gab es sogar futuristische Fusionskraftwerke) – wobei der Ausbau der erneuerbaren Energien nicht verhinderte, dass hin und wieder ein Tornado durch die Stadt fegte und eine Schneise der Verwüstung hinterließ. Das, was heute bürokratisch als «Klimaanpassungsmaßnahmen» bezeichnet wird, hatten wir schon in den 90ern simuliert. Trotzdem gab es Kritik von allen Seiten: Das libertäre Mises Institute hielt das Spiel für etatistisch[8], das linke «Jacobin Mag» glaubte hingegen, neoliberale Tendenzen zu erkennen.[9] Mag sein, dass «Sim City» die Illusion von Ordnung erzeugte[10], doch die Simulation befeuerte auch das utopische Denken. Der Spielentwickler Will Wright sagte in einem Interview, dass es letztlich darum gehe, eine Idealstadt zu entwerfen: «Will ich die größtmögliche Stadt, die mit den glücklichsten Bewohnern, den meisten Parks oder der niedrigsten Kriminalitätsrate?»[11]

So mancher Politiker wünschte sich insgeheim, so durchregieren zu können wie in «Sim City». Reformstau war das Wort des Jahres 1997. Bundespräsident Roman Herzog forderte in seiner berühmten Rede, durch Deutschland müsse «ein Ruck» gehen. Der Mann ist uns vor allem durch seine Unterschrift auf den Ehrenurkunden der Bundesjugendspiele bekannt, die in derart hoher Auflage gedruckt wurden, dass man auch noch Jahre nach seinem Ausscheiden aus dem Amt von ihm unterschriebene Exemplare unters Schülervolk gebracht werden mussten. Roman Herzog, der ewige Präsident. Wäre auch schade ums Papier gewesen!

Das mit dem Ruck war dann doch eher ein frommer Wunsch. Allenfalls ruckelte die Internetverbindung. Vielleicht hatten die Ingenieure von Daimler-Benz die Ruck-Rede auch missverstanden. Beim sogenannten Elchtest, einer Art Slalomlauf für Autos, den außerhalb der Fachwelt kein Mensch kannte, kippte die A-Klasse von Mercedes einfach um. Als ich das zum ersten Mal im Fernsehen sah, dachte ich: Waren das Proben für die Außenwette von «Wetten, dass..?»? Hohn und Spott ergoss sich über den Autobauer, die A-Klasse wurde zum Objekt eines eigenen Witzegenres. Technologisch stand das Jahr 1997 unter keinem guten Stern.

Während in den USA Amazon die ersten Pakete zustellte, dachte man beim Fürther Versandhaus Quelle darüber nach, wie sich die telefonische Bestellannahme im Callcenter optimieren lässt. Immerhin war die Öffentlichkeitsabteilung des Unternehmens so fortschrittlich, eine eigene, wenn auch stiefmütterlich behandelte Webpräsenz zu betreiben. Auf www.quelle.de («Easy Shopping per Internet») konnte der Besucher die Artikel aus dem Katalog nochmal anschauen, die dann per Modem oder – super progressiv – über den «Quelle-Versandcomputer» bestellt werden konnten.[12] Auch wenn die Einkaufstipps auf der Quelle-CD («Scheibe ab») sicherlich interessant gewesen wären – Dinge wie T-Online Decoder 1.2b oder Netscape 3.0 waren in deutschen Wohnstuben so verbreitet wie Kleinwägen in den USA. Die Bürger griffen hierzulande dann doch lieber auf altbewährte Technologien zurück, oder genauer gesagt: zum Hörer.

Passend dazu brachte die Telekom ein neues Faxgerät auf den Markt: das T-Fax 301. Das Gerät wurde dem Kunden als der neueste Schrei verkauft. In einem Werbespot pries Markus Majowski als schnöseliger Verkäufer mit Anzug und Seitenscheitel die neue Technik. «Schaltet ganz allein um – von Telefon auf Fax und umgekehrt.» Der trottelige Kunde mit maggisoßenfarbenem Pullunder machte große Augen: «Toll, dann muss das meine Mutter ja nicht mehr für mich machen!» Darauf der Verkäufer: «Genau. Und es hat einen Nummernspeicher, der sich bis zu 40 Nummern merkt.» 550 Mark kostete das Trumm, das so groß wie eine Schreibmaschine war. Und natürlich ist ein Speicher, der sich nicht mehr als 40 Nummern merken kann, ein Witz. Doch auf den Otto Normalverbraucher schien das Eindruck zu machen.

Das Fax ist eine Technologie, die an unserer Generation komplett vorbeiging. Bis sich die Technik in den Büros etablieren konnte, waren wir schon längst versierte E-Mail-Schreiber (wir kommen noch darauf zu sprechen). Ich habe in meinem ganzen Leben noch kein einziges Fax verschickt und wüsste auch nicht, wie es funktioniert. Die Technik wirkte schon antiquiert, als sie entwickelt wurde. Klar, man hat diese Teile öfter mal in Arztpraxen gesehen. Aber die Faxnummern auf Visitenkarten waren für mich böhmische Dörfer. Später sollte Markus Majowski noch weiteren prominenten Kunden wie Jan Ullrich, Mika Häkkinen oder Udo Lindenberg «Telefone mit ohne Schnur» verkaufen. Das klang in unseren Ohren nach Dummsprech wie «mit ohne scharf» beim Dönerladen.

Wir hatten zu Hause das Signo 1, ein simples Tastentelefon ohne viel Schnickschnack. Es klang nicht so exotisch wie die Namen schwedischer Möbelstücke, auf denen es bald stehen sollte, sondern so monoton wie sein Klingeln. Wohlwollend könnte man sagen: Das Design war minimalistisch. Das Telekom Signo war die Mittelklassevariante der Telefonie, so etwas wie der Opel Vectra oder Ford Mondeo. Es hatte noch immer eine Telefonschnur, die einem manchmal wie ein Gängelband vorkam. Wer in der Familie mal ein «privates» Gespräch führen wollte, verkroch sich in den letzten Winkel der Wohnung – solange das Kabel eben reichte. Und wer «stummschalten» wollte, zog einfach das Kabel aus der Dose.

Da es noch keine Speicherfunktion gab, führten unsere Eltern kleine Telefonbüchlein mit Leder- oder Stoffeinband – Miniordner, in denen die gelochten und mit Bleistift beschriebenen Zettel mit den Telefonkontakten feinsäuberlich abgeheftet wurden. Das vormoderne Lochkartensystem hatte den Vorteil, dass man keine Kontakte exportieren oder wiederherstellen musste, wenn das Telefon mal wieder streikte oder vom Netz getrennt war. Bevor die Tech-Konzerne auf unsere Telefonkontakte zugreifen sollten, war man noch Datenverarbeiter in eigener Sache – und in gewisser Weise auch souverän. Wenngleich der Papierwust zuweilen eine Zumutung war. Auch ich musste mich regelmäßig durch diese zerfledderten Zettel kämpfen, wenn die Tante mal wieder per Post ein Geldgeschenk zum Geburtstag geschickt hatte und ich eines dieser peinlichen Dankestelefonate führen musste.

In den Dielen unserer Großeltern stand Mitte der 90er noch der gute alte Fernsprechtischapparat (FeTAp), den die Deutsche Bundespost in den Farben farngrün, eierlikörgelb oder müllabfuhrorange auslieferte – mit Wählscheibe oder Tastenwahlblock. Der Tastenapparat, über den unsere Großeltern Sammelbestellungen im dickleibigen Quelle-Katalog machten, war das Seniorenhandy *avant la lettre:* Die Tasten waren so groß, dass sie auch für Grobmotoriker und Menschen mit Wurstfingern leicht zu bedienen waren.

Für unsere Generation war das FeTAp schon damals retro. Auch der Einrichtungsgegenstand des Telefontischs kam einigermaßen museal daher, noch dazu mit der Sanduhr, die häufig neben dem Telefonapparat stand und das Überschreiten der Pfennigtakte signalisierte. Diese Apparaturen wirkten seltsam antiquiert. In den 90ern liefen ja schon Wichtigtuer mit klobigen Mobiltelefonen laut palavernd in der Öffentlichkeit herum.

Das erste Mal, dass ich einen solchen Knochen in der Hand hielt, war im Sommerurlaub in Italien. Es muss im August 1997 in Caorle an der Adriaküste gewesen sein. Man sprach noch immer Deutsch, und die Leute, die zwischen den Sonnenschirmen ihre Wohlstandsplauzen grillten, sahen tatsächlich aus wie Gerhard-Polt-Lookalikes. Wir hatten mit einer Gruppe von Freunden und Bekannten einen Bungalow in einer Ferienanlage im Pinienwald angemietet, die so versteckt lag, dass man nach dem x-ten Kreisverkehr und zeichensprachlichen Input der Lokalbevölkerung den zerfledderten Falk-Atlas dem Beifahrer am liebsten um die Ohren gehauen hätte. Es gab noch keine Navigations-Apps oder Routenplaner wie Google Maps. Und auch keine digitalen Info-Discounter. Die Nachricht vom Tod Lady Dianas erfuhr man aus der Bild-Zeitung, die es am Strandkiosk zu kaufen gab.

Rolf, ein alter Kumpel meines Vaters, hatte ein Mobiltelefon im Gepäck. Es muss das Motorola DynaTAC 8000X gewesen sein. Mit so einem Teil hatte der Börsenguru Gordon Gekko (gespielt von Michael Douglas) in dem Filmklassiker

«Wall Street» (1987) in einer Szene im Bademantel am Strand der Hamptons telefoniert. Handys waren mehr ein Spielzeug für Yuppies. Aber Rolf war kein Yuppie, sondern ein Geek: Zottelmähne, dunkler Vollbart, Hornbrille. Er sah ein bisschen aus wie der Microsoft-Mitgründer Paul Allen. Rolf konnte über DOS-Befehle genauso klug referieren wie über Mobilfunknetze. Nur in puncto Gebühren hatte er es nicht so genau genommen. Er meinte, mobile Auslandstelefonie sei spottbillig. Also reichte er das Mobiltelefon herum, und jeder durfte mal nach Deutschland telefonieren. Abends, in einer Trattoria zwischen Pinienwäldern, hatte ich meine Mutter an der Strippe. Es knackte etwas in der Leitung, aber ich verstand alles problemlos. Während sich die Erwachsenen am Tisch bei Pizza und Rotwein über Gott und die Welt unterhielten, berichtete ich meiner Mutter ausführlich von meinen Urlaubserlebnissen: Strand, Gelato, Schlauchbootunfall, was man als kleiner Junge so erlebt. Ich kam mir plötzlich supercool vor, mit dem Handy und der langen Antenne am Ohr, so wie Matula in «Ein Fall für zwei». Roaming war ein Fremdwort, und während ich das dritte oder vierte Mal die Terrasse hin und her gelaufen war, hatten sich einige Gesprächsminuten aufsummiert. In Deutschland angekommen, berichtete Rolf über eine horrende Telefonrechnung: Die Auslandsgespräche kosteten ein paar hundert Mark. Die marode Telecom Italia konnte dieser Wucher aber auch nicht retten.

Wir hatten andere Probleme als Telefonabzocke oder Funklöcher. Unsere größte Sorge war, dass die Leuchtturmschuhe aufhörten, zu blinken, oder das Tamagotchi den Geist aufgab. Das eiförmige Spielzeug, das der japanische Spielzeughersteller Bandai 1997 in Deutschland auf den Markt brachte, war der heiße neue Schrei. Jeder wollte so ein Teil haben, so wie Pokémon-Karten oder den aktuellen Scout-Schulranzen. Die Nachfrage nach der virtuellen Tierpflege war so groß, dass manche Händler sogar Wartelisten einführten. Meine Frau sparte damals als Neunjährige ihr ganzes Taschengeld, um sich das Cyberküken in einem Spielzeugladen auf Norderney zu kaufen. Für 27 D-Mark!

Die Spielidee war simpel: Auf einem Minidisplay im Format einer Stoppuhr galt es, ein Pixelküken aufzuziehen. Dafür standen drei Knöpfe zur Verfügung: A, B und C. Das virtuelle Haustier verlangte permanente Aufmerksamkeit: Es musste gefüttert, bespaßt und schlafengelegt werden. Abends musste man das Licht ausknipsen, morgens wieder anschalten, und zwischendurch noch das virtuelle Gehege sauber machen. Fehlte dem Küken etwas, machte es sich über einen Piepton bemerkbar – wobei man nie so recht wusste, ob das Cybertierchen jetzt spielen wollte oder Medizin benötigte (das Baseballschlägersymbol stand für Spielen, nicht für Züchtigung). Das Tamagotchi brauchte ständig Pflege. Wurde es vernachlässigt, starb es einen jähen Elektroschrott-Tod. Es gab sogar Friedhöfe, auf denen die «verstorbenen» Eier begraben wurden.[13]

Unsere Eltern fragten sich, was ihnen die Unterhaltungsindustrie da mal wieder für ein Ei ins Nest gelegt hatte. Erst das Klonschaf Dolly, dann virtuelle Haustiere. Wohin sollte das nur führen? Kein Spielzeug erhitzte die Gemüter mehr als das Tamagotchi. Lehrer verbannten das Modespielzeug aus dem Unterricht. Eltern argwöhnten, das Cyberküken fresse die Aufmerksamkeit ihrer Kinder. Und Psychologen warnten, hier wachse eine ganze Generation heran, die nicht mehr zwischen Realität und Virtualität unterscheiden könne. Feuilletonisten, die sich von den journalistischen Niederungen emanzipiert glaubten, versuchten wie beseelt, das soziale Milieu der Cyberkleintierzüchter zu ergründen. So kommentierte der «Spiegel» apodiktisch: «[...] die Strichmännchen aus dem Ei sind nur die Vorhut immer raffinierterer emotionaler Fallensteller, die dermaleinst auf Seelenfang gehen könnten.»[14]

Tatsächlich. Das Smartphone hat später viel mehr Besitz von unserer Psyche ergriffen, als es das Tamagotchi jemals vermocht hätte. Es will ständig mit Daten gefüttert werden. Und stirbt auch nicht so schnell. Verglichen mit einem Kaffeevollautomaten war ein Tamagotchi eine pflegeleichte Maschine.

Der Philosoph und Hobby-Zoologe Peter Sloterdijk sprach in seiner erstmals 1997 gehaltenen und 1999 auf Schloss Elmau in leicht veränderter Form vorgetragenen Rede «Regeln für den Menschenpark» von der Menschengemeinschaft als einem «zoologischen Park, der zugleich ein Themenpark ist; die Menschenhaltung in Parks oder Städten erscheint von jetzt an als eine zoo-politische Aufgabe».[15] Dass der liebe Gott einen großen Zoo hat, gehört ja zum vulgärphilosophischen Kanon, aber man hätte Sloterdijk dann doch gerne gefragt, ob die artgerechte Haltung von Cyberküken auch Teil der Zoo- oder Biopolitik ist. Setzte sich der Mensch mit der Domestizierung von virtuellen Wesen die Krone der Schöpfung auf? Oder leistete das Legen virtueller Eier doch einer «Verhaustierung des Menschen» (Sloterdijk) Vorschub? Sind Träger einer Smartwatch heute ihr eigenes Tamagotchi?

Die Eltern hatten ja schon ihre liebe Mühe und Not, die Bildschirmzeit am Fernsehen zu regulieren. Als der Dietl-Film «Rossini oder die mörderische Frage, wer mit wem schlief», die Schwabing-Version von «Sex and the City», 1997 im Fernsehen lief, verursachte er einen Skandal, obwohl der Streifen noch nicht mal die Qualität eines Erotikfilms hatte. Alle redeten im Vorfeld darüber, aber wir Kinder durften den Film auf keinen Fall sehen. Was manch technikaffine Generationsgenossen allerdings nicht davon abhielt, im elterlichen Wohnzimmer einen Kassettenrekorder zu verstecken und den Film heimlich aufzuzeichnen – genauer gesagt den Ton mitzuschneiden. Die Bettszene mit Veronica Ferres und Götz George war dann aber auch nicht so prickelnd, als dass man auf seinem Kassettenrekorder wiederholt zurückgespult hätte. Fernsehen war so schnarchig wie die Auftritte der deutschen Nationalmannschaft unter Berti Vogts. Während das ZDF immer noch die Krimi-Serie «Derrick» mit Horst Tappert – dem Ermittler mit Trenchcoat und 60er-Jahre-Brillengestell aus Horn – ausstrahlte, wurde in Kalifornien Netflix gegründet. Das Unternehmen startete nicht als Streamingdienst – das wäre bei der lahmen Internetgeschwindigkeit ein hoffnungsloses Unterfangen gewesen –, sondern als Onlineverleih für DVDs: Nutzer konnten auf der Webseite eine DVD ordern und sie sich per Post nach Hause schicken lassen. Hatte man den Film gesehen, schickte man ihn per Post zurück.[16] Anfangs gab es jedoch ein paar Logistikprobleme: So verschickten die beiden Gründer Reed Hasting und Marc Randolph aus Versehen Pornos statt eines Comedy-Films an Kunden.[17] Beim Versuch, Bill Clintons Geständnis in der Lewinsky-Affäre auf DVD zu brennen, war durch einen Übertragungsfehler das nicht-jugendfreie Material auf den Datenträger gelangt. So kamen tausende Haushalte unverhofft in den Besitz von Sexfilmen. Netflix-Gründungsmitglied Mitch Lowe erinnerte sich später: «Wir baten unseren Kunden, sie [die Filme] zurückschicken – gemacht hat es aber niemand.»[18] Wo gibt es sonst Erotik frei Haus?

Über die Gründungsgeschichte von Netflix gehen die Erzählungen auseinander. Die populäre Legende lautet in der Kurzfassung: Reed Hastings hatte die Blockbuster-Filmkassette von «Apollo 13» verschlampt und schuldete der Videothek Nachgebühren von 40 Dollar.[19] Das fuchste den Softwareentwickler derart, dass er daraus ein Geschäftsmodell entwickelte. Sein Mitgründer Marc Randolph hat diese Story als «Fiktion» bezeichnet: In Wahrheit sei es darum gegangen, das «Amazon.com für etwas» zu gründen.[20] Wie dem auch sei, die Musik spielte im linearen Fernsehen.

4. Schröders Haarfarbe googeln

Wir sahen 1998 live in der ARD, wie ein schlecht frisierter Musiktherapeut in grünem Samtanzug, Plateauschuhen und Rüschenhemd die Bühne des «Eurovision Song Contest» (der damals noch «Grand Prix Eurovision de la Chanson» hieß) in Birmingham rockte. Guildo hatte uns alle lieb, und wir ihn auch. Endlich war Action da! Die Samstagabendunterhaltung war zumeist eine recht steife und spießige Veranstaltung gewesen: Der Heimattümelei des «Musikantenstadl», mit Rentnern in senfgelben Sakkos, wurden wir allmählich überdrüssig. Und auch die x-te Baggerwette bei «Wetten, dass..?» riss uns nicht mehr vom Hocker. Doch dann enterte ein Mann die Bühne, der diese starren Konventionen auf eine Weise sprengte, dass man das Gefühl hatte, jemand hätte das Fenster aufgerissen, um den Muff der Bonner Republik rauszulassen. Endlich ging ein Ruck durch Deutschland! Ralph Siegel, Dieter Thomas Heck, Heino – die Altvorderen des deutschen Schlagerbetriebs waren entsetzt bis sprachlos über diesen frivolen Parvenü. Richtig versöhnte sich der deutsche Schlager mit dem Zeitgeist erst zwei Jahre später, als Gotthilf Fischer auf der Berliner Love Parade 2000 im Drogenrausch «Hoch auf dem gelben Wagen» trällerte und später bunte Papageien durch sein Hotelzimmer fliegen sah (angeblich soll ihm jemand Pillen ins

Bier geschüttet haben).[1] Aber erstmal sorgte Guildo Horn mit seinem Outfit für Halluzinationen beim Publikum. Unser Gesangslehrer Dieter Bohlen hätte über den Auftritt wohl gesagt: «Der Text ist scheiße, aber du hast geil performt!»

Diese bitterböse Satire auf den Schlagerbetrieb markiert insofern eine Zäsur, als hier nicht nur, ganz postmodern, auf offener Bühne Genregrenzen zertrümmert wurden, sondern auch die eigene Verballhornung zum Show Act wurde. Plötzlich war alles Pop. Das Land war im Erregungszustand. Im März war die Potenzpille Viagra auf den Markt gekommen, Giovane Elber zog sich im «Playboy» aus (mit roten Haaren und Tattoo war er die Light-Variante von Dennis Rodman), und Verona Feldbusch präsentierte dem dauererotisierten Publikum in der RTL-2-Night-Show «peep!» eine Mischung aus «Spiegel TV» und Sextalk («Nichts wirkt wie Verona»).

Nur bei der deutschen Nationalmannschaft regte sich nichts – die Spieler waren «schwach wie eine Flasche leer», wie Bayern-Trainer Giovanni Trapattoni in seiner berühmten Wutrede grantelte, die damals noch auf Disketten herumgereicht wurde. Vor einem germanophoben Publikum in Lyon – deutsche Hooligans hatten zum Entsetzen aller den Polizisten Daniel Nivel ins Koma geprügelt – nietete Abwehrspieler Christian «Wörrrns» (so sprach ihn der scharrende Kommentator Gerd Rubenbauer immer aus) den kroatischen Sturmtank Davor Suker im Stile eines Judo-Anfängers um: glatt Rot. Der hässliche Deutsche war zurück. Das dezimierte, eher holz- als leichtfüßige Team um Lothar Matthäus, Jens Jeremies und Michael Tarnat lief den stürmenden Kroaten nur noch hinterher. Am Ende stand es 0:3, Deutschland war raus aus dem Turnier, Frankreich holte den Titel. Die deutsche Mannschaft war so selbstgefällig wie die Regierung Kohl. Und Nationalcoach Berti Vogts, der mit seiner etwas zu langen Krawatte und seinem kurzärmeligen Hemd wie ein Staubsaugervertreter aussah und auch in der «Danone-Obstgarten»-Werbung keine allzu glückliche Figur gemacht hatte, stand da wie ein bedröppelter Schulbub. Berti bekam noch eine Schonfrist vom DFB, doch nachdem die Malta-Reise und das Experiment der «ballorientierten Gegnerdeckung» kläglich gescheitert waren, reichte er beim Verbandschef Egidius Braun seinen Rücktritt ein. Damit endete auch eine Ära.

Die alte Garde dankte ab. Während die CDU 1998 mit ihrem alten Schlachtross Helmut Kohl erneut in den Bundestagswahlkampf zog und, ganz ironiefrei, den Slogan «Weltklasse für Deutschland» auf Wahlplakate drucken ließ, bereitete die SPD-Zentrale mit ihrer «Kampa 98» den Machtwechsel vor. Nach dem Vorbild von US-Präsident Bill Clinton, dessen Kampagne der Wahlkampfstratege Matthias Machnig 1992 studiert hatte, sollten mit Politainment, einer Mischung aus Politik und Unterhaltung, die Popularitätswerte des SPD-Kanzlerkandidaten Gerhard Schröder gesteigert werden.[2] Clinton hatte sein musikalisches Talent als Saxophonist in der «Arsenio Hall Show» unter Beweis gestellt. Der Showman Schröder beherrschte zwar kein Musikinstrument, konnte dafür aber glänzend schauspielern: So erhielt der damalige niedersächsische Ministerpräsident im Sommer 1998 einen Gastauftritt in der RTL-Serie «Gute Zeiten, schlechte Zeiten» (GZSZ) – zur 1500. Jubiläumsfolge.[3] Schröder tat das, was er am besten konnte: Er spielte sich selbst. Helmut Kohl hätte man vermutlich noch nicht einmal eine Komparsen-

rolle in der «Schwarzwaldklinik» zugetraut. Der Kleindarstel-
ler Schröder holte die Leute hingegen dort ab, wo sie sich
schon im Vor-Social-Media-Zeitalter befanden: an den Bildschirmen. «Zum Regieren brauche ich Bild, Bams und
Glotze», sagte er später.

Das Internet spielte im Bundestagswahlkampf 1998 höchs-
tens eine folkloristische Rolle. Auf der Webseite der CDU
konnten Interessenten im Online-Shop einen handgenähten
Beachvolleyball für 21,60 DM oder den «neuen Jumbo-Auto-
matik-Schirm der CDU» für 10,90 DM erstehen, der «Platz für
die ganze Familie» bot.[4] Ob er auch gegen Eierwürfe seitens
des politischen Gegners schützte, war der Artikelbeschrei-
bung nicht zu entnehmen, dafür gaben die wortgewitzten
Webmaster dem Besucher auf einem «Surfbrett» (hohoho)
eine Übersicht der Landes- und Kreisverbände. Auf den letzten Metern des Wahlkampfs versuchte die CDU, nochmal alle
Netzbürger zu mobilisieren: Auf ihrer Webseite lud sie zum
Live-Chat mit dem Bundeskanzler.[5] Doch das Digitalexperi-
ment ging gründlich in die Hose. Kohl, der immer von der
Zukunft sprach, kam eine halbe Stunde zu spät. Und dann
brach auch die Internetleitung zusammen. Wie war das
nochmal mit Experimenten in der CDU? «Elefant geht beim
Surfen baden», titelte die «Süddeutsche Zeitung».[6] Kohl phra-
sierte am Zeitgeist vorbei, dass man meinen konnte, er hätte
das falsche Chatfenster offen. Gegen die Merchandising-
Kampagne der Opposition konnte die Union nicht anstin-
ken. Die SPD bot in ihrem Fanshop ein Mousepad, auf dem
über dem Konterfei Kohls die Fehlermeldung stand: «Wollen
Sie dieses Programm wirklich beenden?» (Der rote Cursor
zeigte, reichlich suggestiv, auf den Ja-Button). Das Ergebnis

war eindeutig: Kohl verlor die Wahlen, Schröder wurde Kanzler. Und damit hielt ein neuer Stil Einzug in die Republik.

Der «Medienkanzler» war ein Meister der Inszenierung: Er trug Brioni-Anzüge, schmauchte Cohibas und lachte dieses gönnerhafte, grandseigneurale Gerhard-Schröder-Lachen. Und dann war da auch noch Joschka Fischer, der drahtige, marathongestählte Asket («Mein langer Lauf zu mir selbst»), der das ganze Fortschrittspathos der 68er in seiner knarzenden Stimme trug und den «Brigitte»-Lesern den Jo-Jo-Effekt vor Augen führte.

Fischers Auftritte waren Leiden: Die Stirn in tiefe Falten gelegt, die Augen zusammengekniffen, mimte er den Kämpfer, der sich für die gerechte Sache aufreibt. Nach der Bundestagswahl bildeten Schröder und Fischer die erste rot-grüne Bundesregierung: ersterer als Koch, letzterer als Kellner.

Während Gerhard Schröder im Palais Schaumburg Quartier bezog (der Hauptstadtumzug nach Berlin stand erst noch bevor), richteten Sergey Brin und Larry Page ihr gerade gegründetes Unternehmen Google in einer Garage in Menlo Park ein. Monatsmiete: 1700 Dollar. Der provisorische Firmensitz glich zunächst einer Rumpelkammer: leere Kartons, Computer, Kabel, Räder, eine Tischtennisplatte.[7] Wie bei einer LAN-Party (dazu kommen wir noch). Einen Insolvenzverwalter hätte es vermutlich rückwärts zur Garagentür herausgeschlagen. Doch für ihre Idee brauchten die beiden Firmengründer kaum Platz. Wenige Monate zuvor hatten die Stanford-Studenten in einem Aufsatz («The Anatomy of a Large-Scale Hypertextual Web Search Engine») eine mathematische Formel präsentiert, die bis heute das Grundgerüst von Google bildet: den PageRank-Algorithmus. Der Computer sollte sich die Verlinkungsstruktur des Internets zunutze machen und sich in hoher Geschwindigkeit durch Volltexte wühlen. Das Revolutionäre an Google war nicht die Idee einer Suchmaschine selbst, sondern die Technik: Ein Webcrawler sollte Millionen Links indexieren und ihnen eine Zahl auf einer Skala von 1 bis 10 zuteilen. So konnten die Webseiten gewichtet und nach Relevanz sortiert werden.

Die Algorithmen von herkömmlichen Suchmaschinen wie Lycos oder Altavista rankten Webseiten nach Stichwörtern. Diesen Webfehler machten sich Spammer zunutze: Sie versteckten bestimmte Schlüsselbegriffe auf ihrer Webseite, etwa, indem sie diese in weißer Schrift auf weißen Hintergrund schrieben. Dem Menschen fiel das nicht auf, wohl aber der Maschine, die den Quellcode durchforstete. So kam es, dass bei der Eingabe von Autos in Lycos als erstes Pornoseiten in der Trefferliste landeten.[8] Brin und Page sahen das Problem in der Werbung, die zu verzerrten Suchtreffern führte. Sie wollten daher am Anfang, noch ganz dem Idealismus der kalifornischen Gegenkultur verhaftet, eine Suchmaschine ohne Anzeigen – um das Geschäftsmodell dann doch zwei Jahre später mit der Gründung von Google Ads auf Werbung umzustellen. Ein Schritt, den der Medienwissenschaftler Ethan Zuckerman mal als «Erbsünde des Internets» bezeichnet hat.[9] Gegen Ende 1998 hatte Google bereits 60 Millionen Seiten indexiert. Als google.com live ging, kannte kaum jemand die Suchmaschine. Wäre Google 1998 schon populär gewesen, die häufigste Frage hätte wohl gelautet: Sind die Haare von Gerhard Schröder gefärbt?

Im September 1998, als die Herren Schröder, Lafontaine

und Fischer zwischen Mid-Century-Möbeln auf äußerst joviale Weise ihren Wahlsieg begossen, ratifizierte die Internationale Fernmeldeunion (ITU) den neuen 56-Modem-Standard. Jahrelang hatten die rivalisierenden Hersteller US Robotics und Rockwell darum gerungen, ihre eigene Technologie als Standard durchzusetzen.[10] Nun waren die Verfahren interoperabel, das heißt geräteübergreifend anwendbar. Modems waren schon seit einigen Jahrzehnten verbreitet. Die Generation Bundespost wird sich noch an den «Datenföhn» erinnern, jene Akustikkoppler, die digitale Daten in analoge Telefonsignale umwandelten. In den 80er Jahren, als die Generation Golf mit dem Walkman zur Schule schlurfte, wurden Töne noch per Lautsprecher in den Telefonhörer übertragen.[11] Die Geeks hantierten mit Geräten wie dem V.22 Modem, später kam der Vobis SpeedBooster 33.6, was in unseren Ohren mehr nach Raketenwissenschaft klang. Der neue Standard sollte dem Modem den Durchbruch verschaffen.

Irgendwann stand in den Wohnstuben schließlich eine pralinenschachtelgroße Box, die das Tor zur neuen Welt öffnete: das 56k-Modem. Das Gerät wandelte über einen analogen Telefonanschluss digitale in akustische Signale um. Der Anwender wählte über das Telefonnetz nicht die Nummer der Oma, sondern die eines Rechnernetzes. Als man noch vor kastenförmigen Röhrenmonitoren saß und Computer schreibtischhohe Ungetüme waren, war Informationstechnologie noch ein wahres Geräuschspektakel. Wurde der Rechner hochgefahren, dachte der Nutzer zuweilen, ein Flugzeug würde starten, so laut rauschte der Prozessor. Das Modem als Motor eines neuen Raumschiffs im Cyberspace.

Wir erinnern uns noch an den schrillen Einwahlton des 56k-Modems: zuerst das wohlvertraute Telefongeräusch wie bei der Durchwahl. Dann Biiiiiiiieep. Tut-tut-tut. Tsiiii-Di-Dö-dääää. Cchhhhhhhhhhhhhhhhhhh. Bieeeeep. Tsiii-di-dö-dä. Chhhhhhhhhhhhrrrrrrrr. Das war der Sound des Internets, das Grundrauschen einer neuen Zeit. Es hörte sich an wie der Notruf eines Ufos, das in einer Eiswüste bei voller Geschwindigkeit eine Vollbremsung durchführt. Dieses grauenvolle Krächzen und Knarzen, mit dem sich das frühe Internet ankündigte, hat sich ins kollektive Gedächtnis eingebrannt. Die «Dampfmaschine des Geistes» (Frank Schirrmacher), sie fauchte und zischte.

Der Piepton des Telefons, dieses langsame Tut-tut-tut war ja bekannt. Aber das hier war anders: futuristisch, Flippermäßig, extraterrestrisch, als würde man mit einer fremden Galaxie Kontakt aufnehmen. «Bin ich da schon drin oder was?», fragte Boris Becker in der legendären AOL-Werbung aus dem Jahr 1999, ganz ungläubig auf den Bildschirm starrend, und sagte dann den in der Rückschau eindeutig unzweideutigen Satz: «Ich bin drin.» Eine Jahrhundertsentenz, so simpel und selbstironisch, dass sie im Ranking der lustigsten Sprüche gleich nach Giovanni Trapattonis Abdankungserklärung «Ich habe fertig» kommt. Zwei Jahre später zeugte der mehrfache Wimbledon-Sieger in einer Londoner Besenkammer (oder war es eine Wäschekammer?) seine Tochter Anna. Der Boulevard weidete sich genüsslich an der «Besenkammer-Affäre». Es brauchte keine sozialen Medien, damit der Begriff vom «Samenraub», den die «Bild-Zeitung» in die Welt setzte, oral, pardon, viral verbreitet wurde. Alle Welt lachte über die Naivität von «Bobbele». Ob das Ergebnis des

Vaterschaftstests Becker per AOL-Mail zugestellt wurde? Egal. Der Spot lief rauf und runter.

Beckers Heureka-Erlebnis brachte ein neues Raum- und Zeitgefühl zum Ausdruck: Man war nicht mehr «in» Internet, sondern «im» Internet. Zuerst waren Promis drin, dann der Otto Normalverbraucher. Der «stern» widmete unter dem Titel «Kommt mit ins Internet» dem Phänomen eine ganze Ausgabe und legte dem Heft eine AOL-CD mit Gratisminuten als elektronisches Beiboot bei (später mehr). Für die einen war es eine Technikspielerei, für die anderen die nächste große Sache. Doch das Surferparadies, das uns die Digitalevangelisten aus dem Silicon Valley versprochen hatten, war zunächst eine Enttäuschung. Die Verbindung war lahm, der Seitenaufbau dauerte eine gefühlte Ewigkeit. Das World Wide Web war nicht mehr als ein technisch aufgemotzter Bildschirmtext. Wer sich schnell über Fußballergebnisse informieren wollte, rief besser den Teletext auf. Während die Daten mit einer Übertragungsrate von maximal 56 KBit/s durch die Telefonleitung tröpfelten, rauschten schon die nächsten Verse des «Scatman» durch den Äther (zumindest gefühlt, denn ein 56k-Modem konnte über 2000 Zeichen pro Sekunde übertragen). Von Surfen konnte keine Rede sein – der Besuch im Netz glich eher einer meditativen Übung. Wobei kein Sadhu oder Yogi auf dieser Welt die Geduld gehabt hätte, die 39 Jahre zu warten, die als Restlaufzeit beim Herunterladen einer Datei prognostiziert wurden, wenn der Downloadspeed entsprechend niedrig war. 39 Jahre. Das muss man sich mal vorstellen!

Der Komiker Rüdiger Hoffmann erzählte in der AOL-Werbung mit seinem trockenen Humor: «Ich war ja neulich mal wieder drin. Im Internet, auf so 'ner Website. Joa, die hat auch gleich geloadet. Das war vorgestern. Loadet immer noch. Egal, ich bin ja noch jung, ich kann warten.»[12]

Der Umstand, dass die Internetverbindung über die Telefonleitung hergestellt wurde (wofür diese gar nicht vorgesehen war), führte zu einer Art internem Belegungsproblem. Wenn man mit dem Modem im Internet surfte, war die Telefonleitung blockiert, sodass Anrufe weder getätigt noch entgegengenommen werden konnten – beim Anrufer ertönte dann das Besetztzeichen. Umgekehrt war das Internet blockiert, wenn jemand telefonierte. Und das sorgte im Alltag für reichlich Konfliktstoff. Wenn man mal wieder zu lange im Chatroom hing, rief Mutti durch die Wohnung: «Mach das Internet aus, ich muss telefonieren!»

Jeder, der die Anfangszeit des Internets in den 90ern miterlebt hat, hat diesen Satz so oder so ähnlich schon mal gehört. Es ist eine Altersangabe, der Wahlspruch einer ganzen Generation, der heute, im Zeitalter der Cloud, so anachronistisch wirkt, dass er auf Twitter unter Hashtags wie #tweetsfüralte, #spruecheausderkinderheit oder #saetzeausmeinerkindheit verschlagwortet wird. Dort finden sich Selbstbeschreibungen wie «Ich bin ‹GEH AUS DEM INTERNET RAUS! ICH MUSS TELEFONIEREN› Jahre alt». Der Satz ist auch deshalb so drollig, weil er suggeriert, man könne das Internet einfach ausschalten – so wie das Telefon oder den Flimmerkasten. Die Generation, die mit drei Fernsehprogrammen und dem Sendeschluss aufgewachsen ist, hatte noch die Vorstellung von der Endlichkeit der Unterhaltungskultur. Dass das Internet aber keinen Ausschaltknopf besitzt, war einem in den Anfängen gar nicht klar.

In Österreich gab es bis in die 80er Jahre – die Älteren werden sich erinnern – einen sogenannten «Viertelanschluss», einen Telefonanschluss, den man sich mit drei weiteren Haushalten im Miethaus teilte.[13] Wenn also der Nachbar an der Strippe hing, konnte man selbst nicht telefonieren. Ganz ähnlich war es mit dem Modem.

Mit der Telefonie und dem Internet prallten zwei Welten aufeinander: Auskunft vs. Google, Quelle vs. Amazon, Ferngespräch vs. Skype, 0190 vs. Youporn, Tante Lotte vs. schmusemausi87. Die Beharrungskräfte des Alten waren so groß, dass man glaubte, die neue Welt könne durch eine strikte Reglementierung der Nutzungszeiten aufgehalten werden. Wenn abends die Verwandtschaft anrief, hatte das Internet eben mal für eine Weile pausieren. Doch genausowenig wie wir die Fernbedienung aus der Hand gaben, um von «Takeshi's Castle» zu «Eisenbahnromantik» oder «Das Rasthaus» zu zappen, ließen wir uns aus dem Internet vertreiben. Wenn das rettende Downloadende nur ein paar Kilobytes entfernt war, blieben wir cool, zogen unsere Chicago-Bulls-Wintermütze noch ein wenig tiefer ins Gesicht, drehten Backstreet Boys auf und schlossen das Zimmer ab. Und dachten uns mit Kaya Yanar: «Du kommst hier net rein!»

Wer zu Hause keinen Internetanschluss hatte, ging in eines der zahlreichen Internetcafés, die Ende der 90er wie Pilze aus dem Boden schossen. In den Cybertreffs, die so ulkige Namen wie «Surfer's Paradise» oder «Hai Täck» hatten, konnten Besucher gegen Gebühr an einem der aufgestellten PCs im Internet surfen.

Apropos Surfen: Wer sich jemals gefragt hat, warum das Herumstromern in digitalen Gefilden nach einer Wassersportart benannt ist, sollte wissen, dass das nichts mit Kurz- oder Langwellen oder dem Sitz mancher Internetfirmen an der kalifornischen Westküste zu tun hat, sondern mit einem schnöden Mousepad. 1992 suchte die US-Bibliothekarin Jean Armour Polly nach einem passenden Titel für einen Fachaufsatz, als ihr Blick auf das Mousepad fiel. Darauf zu sehen: ein Surfer, eine Welle und der Schriftzug «Information Surfer».[14] «Das ist meine Metapher!», sagte sie sich.[15] 1992 veröffentlichte sie ihren Aufsatz mit dem Titel «Surfing the INTERNET: an Introduction, Version 2.0.2» – und schrieb damit Internetgeschichte. 2019 wurde die «Net Mom», wie sie sich selbst bezeichnet, in die «Internet Hall of Fame» aufgenommen, wo sie sich seitdem in Gesellschaft mit Vint Cerf und Tim Berners-Lee, den «Vätern des Internets», befindet. Wäre der Aufsatz nicht so betitelt worden, würde man heute vielleicht im Internet «kiten» oder «cruisen» – oder schlicht browsen.

Aber zurück zu den Cafés. Mitte der 90er, als in Deutschland die ersten Cybertreffs eröffnet wurden, zahlten Gäste zum Teil bis zu 21 DM pro Stunde.[16] 5 DM für eine Viertelstunde waren eigentlich Tarife, die eher in einschlägigen Etablissements in Bahnhofsnähe aufgerufen wurden, aber für einen heißen Chat öffnete so mancher bereitwillig sein Portemonnaie. Später waren Tarife zwischen 2 und 3 DM pro Stunde üblich. Wo die Bürgersteige längst hochgeklappt waren, bekam der Gast in den Raststätten der Datenautobahnen noch ein Heiß- oder Kaltgetränk serviert. Man betrat diese Orte, die atmosphärisch zwischen Wettbüro und Spätkauf oszillierten und ganz anders tickten als die von Sanduhren geprägten Telefontische einer bürgerlichen Zeitordnung, mit einer Mischung aus Beklemmung und Befreiung. Ein sehr intimer Raum der Kommunikation wurde in einen semiöffentlichen Raum verlagert, was heute, im Zeitalter von Smartphones, völlig normal ist, damals aber neu und ungewohnt war: Im Kino oder Flugzeug glotzten alle auf denselben Bildschirm, doch jetzt saß man mit Leuten in einem Raum, die alle auf ihren eigenen Monitor starrten. Und es war auch nicht immer behaglich, wenn einem jemand auf die auf 15 oder 17 Zoll kondensierte Privatsphäre eines Online-Chats lunzte. Doch für einen Jugendlichen, der im globalen elektronischen Dorf unterwegs war, war die enge Welt aus Herzschmerzfernsehen, Telefonzelle und Videothek irgendwann nicht mehr der richtige Ort. Wer zu Hause kein Internet hatte, musste ins Internetcafé, und so wurden die Cyberbars das zweite Wohnzimmer.

In den 90er und Nullerjahren, als mobiles Internet noch in weiter Ferne stand, war es Usus, auch im Urlaub ein Internetcafé anzusteuern und von dort – statt Postkarten – elektronische Grußkarten in die Heimat zu schicken. Es gab sogar eine Suchmaschine, mit der Cybercafés in der Nähe ausfindig gemacht werden konnten.[17] Ich erinnere mich noch an den Besuch eines Internetcafés in Ägypten. Es muss um die Jahrtausendwende gewesen sein. Ein disneyhafter Hotelklotz in Hurghada am Roten Meer. Draußen Palmen und Leuchtdeko, innen Marmor und Lobby-Jazz. Das «Internetcafé» war ein schmuckloser Raum mit ein paar Computern, die schätzungsweise so alt waren wie die ausrangierten Busse, die einen ins Hotel karrten. Es roch nach Zigarettenrauch und Sagrotan. Ich legte ein paar zerfledderte Ägyptische-Pfund-Noten auf den Tisch, und eine Gestalt, die ich hinter dem Zigarettendunst nur erahnen konnte, wies mir einen Platz zu. Mich gruselte es, die fettige Maus zu berühren, aber was tut man nicht alles, um seine Mails zu checken. Erst hackte ich die Adresse des Providers in die Browserzeile, und dann konnte ich beobachten, wie sich ein blauer Balken ganz langsam von links nach rechts schob. Sekunden, Minuten vergingen. Die Sanduhr neben dem Cursor drehte sich und drehte sich, mein Zeitbudget schmolz wie Eis in der Ägyptischen Wüste. Nach langem Warten baute sich endlich die Seite auf. Meine Mails konnte ich gerade noch lesen, aber zur Beantwortung kam es nicht mehr. Hurghada war ein Paradies für Surfer – aber nicht für solche, die ins Internet wollten. Vermutlich wäre es schneller gegangen, per Post eine Papyrusrolle zu verschicken.

Ende der 90er wurde das Modem allmählich durch ISDN als neuer Standard abgelöst. Die Innovation bestand darin, dass der Basisanschluss nun zwei Nutzkanäle hatte. Man konnte also gleichzeitig telefonieren und im Web surfen. Nachdem sich die Datenschleusen geöffnet hatten, ließen sich auch mehr Grafikelemente ins Netz transferieren. Manche (zu große) Fotos auf Webseiten luden derart langsam, dass sich während des Downloads schon drei Polaroidfotos entwickelt hätten. Die professionellen Seiten zeichneten sich dadurch aus, dass sie weitgehend auf datenlastige Fotos verzichteten. So kam die Webseite des Buchhändlers amazon.com denn auch recht spartanisch daher: blaue Schrift auf schwarzem Grund, wie die Speisekarte in der Dorfkneipe.

Die Internetpräsenz von Behörden war so kreativ wie die Offensivabteilung der Fußballnationalmannschaft unter dem frühen und späten Erich Ribbeck: dröge, verstaubt, einfallslos. Die Homepage der Stadt Stuttgart zum Beispiel war in großzügigem Impfpassgelb gehalten. Der User musste sich beim digitalen Behördengang durch ein unübersichtliches Navigationsmenü kämpfen – fast wie in der analogen Realität. Hätte nur gefehlt, dass man noch eine Nummer ziehen musste. Die Lage der Ämter wurde auf einer Karte des Stadtvermessungsamts durchnummeriert. Für die Webmaster waren technische Finessen wie Mouse-over offensichtlich ein Fremdwort. Wer es genauer wissen wollte, konnte sich den Stadtplan auf CD-Rom für 69 DM bestellen, wobei noch mal ein «Versandkostenanteil» von 4 DM erhoben wurde. Bevor professionelle Webdesigner später für viel Geld das Text- und Bildgewimmel zu klinisch reinen Benutzeroberflächen aufpolieren sollten, gab es noch Raum für kreative Entfaltung.

In den 90ern war es in Mode, private «Homepages» zu basteln. Mit dem Freehoster Geocities zum Beispiel ließen sich Webseiten nach dem Baukastenprinzip zusammenstellen. Ein Hintergrundmotiv, eine Bildergalerie, ein Gästebuch – fertig war die Webpräsenz. Die Wände des virtuellen Zuhauses wurden in den Trendfarben der 90er gestrichen: knallgelb, orange, rot, gerne auch mal neonfarben. Hauptsache bunt und schrill! Manche Seiten wirkten auf den Besucher so psychedelisch, dass man meinen konnte, der Gestalter hätte im Drogenrausch wild in den Farbeimer gegriffen. So farbenfroh wie die Kleider waren auch die Webseiten. Bisschen Batik, bisschen Raver-Stil. Voll 90s halt! Andere Seiten sahen so aus, als hätte ein Kind Zeitungsschnipsel ausgeschnitten und auf ein Plakat geklebt. Grafisch war das Web 1.0 irgendwo zwischen Waldorfschule und LSD-Trip anzusiedeln: bunt, wimmelig, aufgeregt.[18]

Zwar traf man in den virtuellen Vorgärten keine Gartenzwerge oder Quietschenten an, doch die animierten GIFs, mit denen die digitale Behausung dekoriert wurde, konnten durchaus halluzinogene Wirkung entfalten: blinkende Überschriften zum Beispiel oder lodernde Flammen. So entstand eine ganz eigene Wimmelbildästhetik.

Das GIF wurde 1987 von dem Informatiker Steve Wilhite entwickelt, der als Programmierer beim Onlinedienst Compuserve an einem Kompressionsverfahren arbeitete, um Bilddateien wie Logos oder Statistiken herunterzurechnen und auf verschiedenen Computern darzustellen.[19] So konnten Bilder auch bei geringer Bandbreite – das World Wide Web war 1987 noch nicht erfunden – verschickt werden. Das Bildformat war zunächst statisch. Erst später wurden mehrere Bildebenen, die verschiedene Phasen einer Bewegung zeigten, übereinandergelegt, sodass eine Animation entstand – eine Art digitales Daumenkino.[20] Animierte GIFs wurden – ähnlich wie die Wackeldackel in den Autos – zu beliebten Einrichtungsgegenständen, die noch heute zum Inventar der Netzkultur gehören.

Wobei: Die Geschmäcker gingen weit auseinander. So mancher Homepage-Bastler wählte als Hintergrund dasselbe Muster, mit dem er auch schon die Küche tapezierte. Oder kachelte seine Webseite mit Fliesen in Natursteinoptik. Im Trend lagen auch Blumen- oder Tiermotive, wie sie auch auf Geschirr wiederzufinden waren. Auf die Hintergrundfolie wurden schließlich farbige Textbausteine und Navigationsbuttons gepappt – ein wenig wie die Kühlschrankmagnete, die man als Souvenir aus dem Urlaub mitgebracht hatte. So wie an Familienfesten Dias gezeigt wurden, die keinen interessierten, stellten Leute Fotos von der Pfingstfreizeit und musikalische Darbietungen ins Netz, garniert mit ein paar Onlinespielen. Während auf dem Bildschirm Schneeflocken herunterrieselten, konnte man mitanhören, wie die Verwandtschaft mit voller Inbrunst «Schneeglöckchen, Weißröckchen» trällerte. Es blieb einem wirklich nichts erspart.

Neben dem Deppenapostroph («Willi's Homepage») durfte auch ein Counter nicht fehlen. Die Besucherzähler, eine frühe Form der Web-Analytics, ließen sich auf Webseiten wie in einem Katalog aussuchen und als HTML-Code in die Homepage einbauen: klassisch schwarz-weiß oder farbig, je nach Wunsch. Wer nicht nur visuell, sondern auch akustisch Eindruck auf seine Besucher machen wollte, lud eine kleine Musikdatei im heute prähistorischen Midi-Format hoch. Anschließend dudelte etwa die bedeutungsschwere Melodie aus «Mission Impossible» aus den Lautsprecherboxen. Eine kleine Technikspielerei, so originell wie die Deutschlandhymne als Türklingelton. Das bombastische Intro konnte jedoch nicht darüber hinwegtäuschen, dass viele Homepages aussahen wie Messiebuden: unaufgeräumt, vollgestopft mit Schrapel, den man sich überall im Netz zusammenklaubte. Hier ein springendes Pferd, dort ein hüpfendes Fenster, dazwischen ein sich drehendes Logo. Das «Under Construction»-GIF, war ein Symbolbild für das Unfertige: Das Internet war eine einzige Großbaustelle.

Als das Internet noch das World Wild Web war und Thomas Gottschalk bei «Wetten, dass..?» Domains noch mit dem Adresszusatz «http» ansagte, herrschte Goldgräberstimmung:

Domain-Spekulanten kauften reihenweise Netzadressen auf, in der Hoffnung, sie eines Tages gewinnbringend an ein Unternehmen weiterverscherbeln zu können: www.hotels. com, www.vodka.com, www.casino.com, solche Dinge. Das Domain-Squatting, wie das Kapern von Internetadressen genannt wird, war auch unter Parteien ein beliebtes Werkzeug, um dem politischen Gegner ein Schnippchen zu schlagen. So lederte die junge Union Oberpfalz auf der Webseite www. gerhard-schroeder.de gegen den «Autokanzler» und seine «unsoziale Ökosteuer».[21] Die Jungkonservativen hatten sich die Domain gesichert und den (politischen) Preis für eine Freigabe in die Höhe getrieben.[22] Der Domainklau war keine Provinzposse, sondern zog Kreise bis in die höhere Politik. Der damalige SPD-Generalsekretär Franz Müntefering beschwerte sich bei seinem CDU-Kollegen Laurenz Meyer: In einem seinerzeit noch üblichen «Gentlemen's Agreement» verständigten sich die beiden Herren, die Adresse bei der Denic, der deutschen Internet-Verwaltung, wieder für die SPD zu reservieren (wobei auch die Union mit Verweis auf den gleichnamigen ehemaligen CDU-Außenminister die Domain hätte beanspruchen können).

Auch ich war als Jugendlicher unter die «Webmaster» gegangen. Mein Vater hatte Webspace bei T-Online gemietet, den ich nach meinen Vorstellungen bespielen durfte. Mit dem HTML-Editor Microsoft Frontpage zimmerte ich in meiner Freizeit eine Homepage. Frames einziehen, Links einbauen, Textfelder einfügen – wie beim Hausbau erhielt die Seite allmählich Struktur. Wer etwas von Thumbnails verstand (engl. «Daumennagel»), kleinen Vorschaubildern, galt schon als echter Crack. Anschließend galt es, die verästelte

Ordnerstruktur mit einer speziellen Datenübertragungssoftware (WS_FTP) ins Netz zu transferieren. Es machte ein paar Flipper-Geräusche, Sekunden später ging der Inhalt live. Das war so ein unwirklicher Phasenübergang, vom heimischen Computer in die Welt hinaus. Jeder auf der Welt konnte das jetzt sehen! Meist hatte man jedoch noch irgendetwas vergessen: Mal führte der Link ins digitale Nirvana, mal lud das Foto nicht. Das Sujet dieses, nun ja, denkwürdigen Internetauftritts: «Paris gratis».

Dazu muss ich etwas weiter ausholen: Mit meinem Vater fuhr ich irgendwann um die Jahrtausendwende mit dem Auto nach Paris. Als Schwabe ist man schon einigermaßen bedient, nach acht Stunden schlechter Autoluft, zig Mautstellen und einer längst verzehrten Butterbrezel wie ein Clochard in der französischen Hauptstadt anzukommen. Das Zwei-Sterne-Hotel – eine Absteige mit muffigen Teppichböden und durchgelegenen Betten an einem viel befahrenen Boulevard – war schon teuer genug. Als wir dann feststellen mussten, dass ein belegtes Baguette so viel kostete wie zu Hause ein Zwiebelrostbraten mit Spätzle, blutete unser Schwabenherz. Also machten wir es uns zur Aufgabe, Paris auf eine Weise zu entdecken, die so nicht im Reiseführer steht – nämlich unter Schonung des eigenen Geldbeutels. Louvre, Notre-Dame, Eiffelturm: Wo der normale Touri brav sein Eintrittsgeld entrichtete, kamen wir umsonst rein. Schmuggelten uns durch den Ausgang ins Innere. Oder behaupteten frech, unser Ticket verloren zu haben. Es handelte sich um eine Challenge im Vor-Social-Media-Zeitalter.

Das Wissen über die Sicherheitslücken der Pariser Monumente wollte ich der Welt nicht vorenthalten, also sah ich mich bemüßigt, als eine Art Whistleblower und Reiseblogger über meine Erfahrungen zu berichten. Angereichert mit einem Satz zur Geschichte gab ich dann Tipps zum kostenlosen Sightseeing in Paris. Das las sich dann so:

«Beginnen wir mit dem Louvre: Dieses Museum, in dem sich das berühmte Bildnis der Mona Lisa von Leonardo da Vinci befindet, zu ‹knacken›, ist im Grunde genommen ein Kinderspiel. ... Nach einer Gepäckkontrolle im Eingangsbereich der Pyramide marschieren Sie ins Foyer. Dort nehmen Sie eine Rolltreppe und begeben sich in irgendeine der großen Ausstellungshallen. Davor (gleich nach der Rolltreppe) erwartet Sie die Ticketkontrolle (die Tickets hätten Sie eigentlich schon im Foyer erwerben müssen). Diese umgehen Sie, indem Sie kurz auf die Toilette gehen – und dann dreist hinter dem Rücken der Kontrolleure eine Lücke am Ende der gläsernen Abgrenzung passieren. Schon sind Sie drin ...
Schwierigkeitsgrad (1–5): 2
Folgerung: eine Ersparnis von Euro 7.50,– pro Person

Ich weiß nicht, ob ich mich damit der Beihilfe zur Leistungserschleichung strafbar gemacht habe, aber als Schwabe war das auch ein Akt der Notwehr. Und der französische Staat behelligte mich auch nicht, als ich Jahre später für ein Zeitungspraktikum und Studium nach Paris zurückkehrte. Dadurch, dass ich im Netz Werbung für das Stadtmarketing gemacht hatte, dürften die unbezahlten Eintrittsgelder längst abgegolten gewesen sein.

Später professionalisierte ich meinen Webauftritt: saubere

Menüführung, gediegenes Grau statt Giftgrün, keine bunten Lettern mehr in der Überschrift. Dazu die überarbeitete Chronik eines Reiseführers. Zwischendurch hatte ich auch mal das Design von T-Online abgekupfert. Das Internet fühlte sich wie ein Baumarkt an, in dem man sich seine Teile in den Warenkorb legte und kostenlos auscheckte. Bei den Textpassagen waren allerdings noch einige handwerkliche Arbeiten zu verrichten. Meine Mutter schrieb mir ins Stamm-bzw. Gästebuch: «Den Text würde ich einfacher schreiben, sodass ihn auch jeder kapiert.» Ein Rat, den ich bis heute zu beherzigen versuche. Selbstredend war ich zu geizig, eine Domain zu registrieren, also sicherte ich mir eine kostenlose de.vu-Adresse (mit der Domain-Endung des Inselstaates Vanuatu), eine Top-Level-Domain der Turks- und Caicosinseln in der Karibik sowie die Top-Level-Domain von Tokelau, einer zu Neuseeland gehörenden Inselgruppe im Südpazifik. Internationalität kann nie schaden.

Tokelau besteht aus ein paar Atollen mit einer Gesamt-fläche von 12 Quadratkilometern. Auf dem abgelegenen Ei-land, das nach einer 48-stündigen Kanufahrt von Samoa aus erreicht werden kann, soll es vier Telefonleitungen geben, E-Mails mit Anhang konnten lange nicht verschickt wer-den.[23] Um die Bewohner gegen Corona zu impfen, brauchte es gar eine Militäraktion. Doch auf der Internetlandkarte ist Tokelau ein Riese, gemessen an der Zahl der Domains ist die Inselgruppe größer als Brasilien und Russland.[24] Im Jahr 2000 hatte der niederländische Unternehmer Joost Zuurbier die Idee, kostenfreie Domains zu vergeben. Vier länderspezi-fische Top-Level-Domains waren damals von der Internet-verwaltung ICANN noch nicht vergeben: Palästina, Osttimor,

Pitcains-Inseln und Tokelau.[25] Zuurbiers Wahl fiel schließlich auf Tokelau. Der Geschäftsmann schlug dem Überseege-
biet einen Deal vor: Ein Teil der Werbeeinnahmen sollte an
die Inselgruppe fließen. Dafür durfte er die Internetadressen vermarkten. Vier Jahre musste er die ICANN bearbeiten,
bis die Behörde grünes Licht gab. Ein Mitglied des Gremiums
hatte selbst mal auf dem Atoll Urlaub gemacht, was sich
positiv auf die Entscheidung auswirkte.[26] Für Tokelau war
der Deal ein Segen: Die Vergabe der Domains machte zeitweise ein Sechstel der jährlichen Wirtschaftsleistung aus.[27]
So segelte ich unter Südsee- und Karibikflagge durch das
Meer der Information.

Auch meine Kumpels werkelten an ihren Homepages und
stellten Urlaubsfotos oder Witze ins Netz. Der Klassiker:
«Woran erkennt man, dass eine Blondine am Computer war?
Der Computer ist nass. Die Blondine wollte im Internet
surfen.» Harald Schmidt riss immer noch Polenwitze, und
im Internet erzählte man Blondinenwitze. Im Gästebuch
konnten Besucher mit ihrer (für jeden sichtbaren) IP- und
Mailadresse sowie ihrer ICQ-Adresse (später mehr!) einen
Kommentar hinterlassen. So was wie: «Moin, bin hier so per
Zufall drauf gelandet! Bis jetzt ist die Seite voll korrekt!» Im
Grunde waren die Homepages eine Vorstufe zu den späteren
sozialen Netzwerken: Man gab Einblick in sein Privatleben
und kommentierte das Leben anderer. Mein Kumpel D. war
der Influencer in der Klasse – sowohl was die neueste Musik
als auch Netztrends anbelangte. Seine Homepage, die sogar
eine .de-Adresse hatte, arbeitete mit Flash-Elementen. Das
Webdesign-Tool zur Darstellung multimedialer Inhalte war
schon die hohe Kunst der Homepagegestaltung.

Während Nutzer an ihren privaten Homepages heimwerkten, bauten Unternehmen Datenautobahnen. So gab es in Deutschland, ganz der Tradition der Kleinstaaterei folgend, unter anderem eine Bayerische Datenautobahn («Bayernnetz»), eine Mainische Datenautobahn sowie eine Norddeutsche Datenautobahn, die man über verschiedene Nummern «befahren» konnte (über die Norddeutsche Datenautobahn ließen sich Informationen aus Zeitschriften wie «Geo» oder «Spiegel» «anwählen»)[28]. Wobei die Mautgebühren, die auf den einzelnen Streckenabschnitten erhoben wurden, an Wegelagerei grenzten. Zum Teil bis zu zehn Pfennig pro Minute verlangten Pfadfinderdienste wie T-Online, AOL und Compuserve, hinzu kam noch eine Grund- und Einrichtungsgebühr. Flatrates gab es noch keine, das «Internet zum Ortstarif» war noch nicht überall erhältlich, und so summierte sich die Telefonrechnung schnell auf ein paar hundert Mark.

Wir schnorrten uns AOL-CDs mit 10 oder 50 Gratisstunden, die massenhaft in Baumärkten und Schlecker-Filialen in Präsentern herumlagen. CD ins Laufwerk schieben, Zugangssoftware installieren, Abo abschließen. Während des Verbindungsaufbaus sauste ein Strichmännchen über den Monitor, und dann war man drin. Das ist ja einfach! Für ein paar Freiminuten verkaufte manch Hallodri auch mal die Adresse seiner Eltern oder Geschwister (sorry an der Stelle für die vielen Spam-Mails!). Was man nicht alles in Kauf genommen hat, um noch ein bisschen länger chatten zu können! Dass sich die Software mit ihren zahllosen Werbeprogrammen wie ein Krebsgeschwür in den Verästelungen auf der Festplatte einnistete und sich nur schwer deinstallieren ließ, war der Preis für das kostenlose Surfen im Netz.

AOL verschenkte in den 90ern massenhaft Werbe-CDs, um neue Kunden zu gewinnen – sie lagen Burgern, Müsliboxen oder Omaha-Steak-Verpackungen bei.[29] Wer bei Burger King seinen Whopper verspeiste, durfte sich über ein paar kostenlose Freiminuten freuen. So köderte der Konzern die Kundschaft. Bevor man für den Regenwald soff, fraß man für die Netzfreiheit. Konsumkapitalismus am Limit. Für seine Marketingkampagne beanspruchte AOL 1998 für ein paar Wochen die gesamten CD-Produktionskapazitäten auf der Welt.[30] Die großen Musiklabels mussten sich erstmal hinten anstellen. AOL drohte die Welt in eine Polycarbonat-Wüste zu verwandeln. Irgendwann stapelten sich die Silberringe turmhoch zwischen Disketten und CD-Ständern, sodass man mit ihnen Frisbee spielte oder diese seltsam poppigen CD-Uhren bastelte. Die von amerikanischen Informatikern organisierte Bürgerinitiative «No More AOL CDs» wollte eine Million Werbe-CDs per Lastwagenkarawane nach Virginia karren und vor dem Haupteingang des Unternehmenshauptquartiers auskippen, um gegen die Umweltverschmutzung zu protestieren.[31] In zahlreichen Ländern wie den USA, Frankreich und Australien wurden entsprechende Sammelstellen eingerichtet. Doch die fleißigen Sammler brachten die angestrebte Zahl von einer Million CDs nicht zusammen, und so verlief die Aktion im Sand. Jammerschade! Wir hätten zu gerne gesehen, wie ein schwerbeladener Sattelkipper vor der AOL-Zentrale tonnenweise CDs ablädt und dabei aus großen Lautsprecherboxen «You got mail» ertönt. Der Jingle, der bei neuen Nachrichten im elektronischen Postfach abgespielt wurde, ist in Deutschland als «Sie haben Post» bekannt. Eingesprochen hat ihn Dagmar Berghoff. Die fermentierte

Höflichkeit der «Tagesschau»-Sprecherin wurde zur Begleit-melodie der elektronischen Kommunikation. Der Benach-richtigungston erlangte Kultstatus, manch einer lud ihn sich später sogar als Handy-Klingelton herunter. Berghoff wurde damit zu einer Art frühen Siri: Millionen Deutsche, die Mails mit AOL verschickten, kannten ihre Stimme. Aber keiner wusste, wer die Person dahinter war.

Bill Clinton hatte während seiner Präsidentschaft ebenfalls eine (private) AOL-Adresse (ClintonPz@aol.com), was ihm im Gegensatz zu seiner Frau Hillary, die als Außenministe-rin später dienstliche Mails von einem privaten Account ver-schickte, allerdings keine politischen Probleme eintrug.[32] Clinton war der erste US-Präsident, der eine öffentliche Mail-adresse besaß. Allerdings machte er davon kaum Gebrauch. Von den knapp 40 Millionen Mails, die seine Administration in den beiden Amtszeiten von 1992 bis 2000 versendete, schrieb der Präsident lediglich zwei selbst.[33] Eine davon sollte Technikgeschichte schreiben: ein Glückwunschschrei-ben an den Astronauten und US-Senator John Glenn, der aus dem All eine elektronische Grußnachricht verfasst hatte. Wie Clinton später bekannte, war es die erste Mail, die er schrieb.[34] Vielleicht war es rückblickend auch besser so.

In der postideologischen Welt des neuen Jahrtausends ka-men die Liebesgrüße nicht mehr aus Moskau, sondern aus dem Cyberspace. Im Mai 2000 verbreitete sich eine E-Mail-Botschaft mit der Betreffzeile «I LOVE YOU». In dem Mail-anhang verbarg sich aber kein Liebesbrief, sondern ein bös-artiges Virus. Es nistete sich in der Registry, der Schaltzentrale des Computers, ein, löschte Bild- und Musikdateien von der Festplatte und verschickte sich dann selbst an alle Kontakte

des Adressbuchs von Microsoft Outlook.[35] Die Schadsoftware
verbreitete sich wie in einem Schneeballsystem – so wie die
ICQ-Kettenbriefe, nur viel gefährlicher. Die elektronische
Briefbombe mit dem integrierten Selbstzünder war in der
Programmiersprache Visual Basic geschrieben – Bauanleitun-
gen gab es im Internet. Der «I LOVE YOU»-Virus befiel weltweit 45 Millionen Windows-PCs. Ford, Time Warner, sogar
das Weiße Haus und Pentagon wurden infiziert.[36] An der
Dow-Jones-Börse in Hongkong stürzten die Rechner ab, das
britische Parlament musste seine Mail-Server herunterfah-
ren. Der Love Bug machte die Verwundbarkeit der frühen
Netzgesellschaft deutlich – und war ein Menetekel kommen-
der Schadprogramme.

In Deutschland, wo bis 1997 der Bundespostminister für
das Internet zuständig war (im internen Behördensprech bis
zuletzt «Bildschirmtextanwendungen» genannt), hatte die
elektronische Post mit Beharrungstendenzen der Bürokratie
zu kämpfen. Das Briefmonopol bescherte der Deutschen Post
weiter satte Gewinne, und dass die Kinder lieber Mails statt
Briefe verschickten, kommentierte Postchef Klaus Zumwin-
kel mit dem Satz: «Zu Hause habe ich halt nicht ganz soviel
zu sagen.»[37] Immerhin: Im Kanzleramt gab es erste Überle-
gungen, eine E-Mail-Adresse für Bürgerpost einzurichten.[38]

5. Die Angst vor dem Computercrash

Bis sich Kanzler Schröder die Sache mit dem Internet erklären ließ, waren wir längst in Chatrooms unterwegs. Zum Beispiel in Yahoo Chat oder MSN. Man gab sich einen Nickname
wie «melly94» oder «warmduscher 28» und plapperte einfach
mal drauf los.

> Ina26: hallo, jemand da?
> Steph12: hi
> Torsten89: ja hier
> Ina26: was treibt ihr so?
> Steph12: nix, muss mathe hausi machen?
> Torsten89: omg furzlangweilig alter
> melly94: lol
> Torsten89: sonst?
> Steph12: heute abend erstma hart chillen ^^
> Sunnyboy89: wasn das für newbies hier?
> Ina26: hast du was genommen?
> Jessy: hey sweetie, wollen wir heute Abend nommal
> schreiben gg
> Ina26: mom, tele …
> Lisamaus hat den Raum betreten.
> Sunnyboy89 hat den Raum verlassen.

So liefen die Dialoge ab. Manche Chatprotokolle lesen sich wie Dramentexte. Chatrooms waren die Jugendhäuser unserer Zeit: Man traf dort Nerds, Emos, Gothics, schräge Vögel aller Art, die kein Algorithmus dieser Welt zusammengebracht hätte. Es war, als hätte irgendjemand auf den Shuffle-Knopf des Großrechners namens Gesellschaft gedrückt und die Milieus durcheinandergewürfelt.

Von unseren Eltern hatten wir eingebläut bekommen, uns mit vollem Namen zu erkennen zu geben. Am Telefon zum Beispiel, oder am Kiosk, wenn wir für Opa eine Zeitung kauften. Dann sagten wir brav: «Hallo, ich bin XY, und möchte gerne die ‹Welt› kaufen.» Nun setzten wir uns eine Tarnkappe auf und vertrauten unter dem Schutz der Anonymität fremden Leuten privateste Dinge an, die wir allenfalls unseren besten Freunden erzählt hätten. Niemals hätten wir auf der Straße wildfremde Leute angesprochen. Dort galten noch die ritterlichen Konventionen des Analogzeitalters. Also: Handschlag, fest zudrücken, in die Augen schauen. Und: Vor dem Eintreten in einen Raum bitte an der Tür klopfen. So mussten wir es im Rektorat machen, wo es noch ein «Vorzimmer» mit Sekretärin gab. Im digitalen Raum waren solche Relikte verschwunden. Man konnte einfach «joinen», also beitreten. Oder den «polnischen Abgang» machen und die Party verlassen, ohne Tschüss zu sagen.

Es war nicht so, dass es im Netz gar keine Höflichkeitsformeln gab, denn die gab es in Form von Netiquetten bzw. Chatiquetten durchaus. Aber diese Kommunikationsform widersprach so fundamental den analogen Gepflogenheiten, dass das ordinäre Mitglied im Kegel- oder Gesangsverein den Eindruck gewinnen konnte, die Sitten seien endgültig verlottert.

Chatrooms waren ein Soziotop mit eigenen Spielregeln: Rollenspiele, Experimentierfelder für digitale Identitäten. Man gab sich Fantasy-Namen, schrieb wildfremde Leute an, lotete Grenzen und Tabus aus. Die virtuellen Hinterzimmer, die sich weitgehend der Kontrolle der Öffentlichkeit entzogen, waren der Elterngeneration suspekt. Chatrooms und vor allem die in Verruf geratenen Darkrooms galten als Schmuddelecke, wo sich allerlei sinistre Gestalten herumtrieben – quasi die Bahnhofskneipe des Cyberspace. Unsere Eltern mahnten zur Vorsicht: Man wisse ja nicht, wer sich hinter sweetey87 oder honey0815 verberge. «On the internet nobody knows you're a dog», war 1993 ein Cartoon des «New Yorker» überschrieben. Im Internet weiß niemand, dass du ein Hund bist. Natürlich war uns das bewusst. Wir waren ja nicht blöd. Aber dieser digitale Maskenball hatte den Kitzel des Verbotenen, dem wir uns nicht entziehen konnten.

Nach der Schule warfen wir unseren 4YOU-Rucksack in die Ecke, fuhren den Rechner hoch und klickten auf eine grüne Blume: ICQ. Der Messengerdienst, dessen Name ein Akronym für «I Seek You» («Ich suche dich») ist, war die Kultanwendung unserer Jugend – quasi die Telefonzentrale des Internets. Mit einer Nummer, die viele noch immer auswendig kennen und die für die Geeks unter uns sogar ein Distinktionsmerkmal war (die ersten Mitglieder hatten eine sechsstellige Nummer und waren ziemlich stolz darauf), und einem Passwort loggte man sich in seinen Account ein – und unter dem Getröte eines Schiffhorns baute sich ein Fenster mit Kontakten auf, die man zuvor «geaddet», also hinzugefügt hatte. Da standen anschließend die Namen von Mamazwerg und Mr. Bombastic, jessy oder stylishlady – mit grüner oder roter Blume, je nachdem, ob sie gerade «on» (grün) oder «off» (rot) waren. Wer vormittags im Unterricht schon abwesend war, switchte nun abermals auf Away-Status oder hängte gleich das wichtigtuerische DND (Do not Disturb) vor die digitale Zimmertüre.

Die Away-Message war eine Freifläche, in der sich in einem ansonsten konfektionierten Setting Individualitätsmerkmale setzen ließen. Dort landeten Sätze wie: «Leben heißt rückwärts gelesen Nebel. Kein Wunder, dass ich nie durchblicke.» Oder: «Bin gerade die Welt erobern, gleich zurück.» Oder: «Don't occupy my style.» Noch so ein Klassiker. Da saßen wir manchmal wie ein einsamer Angler am Teich und warteten, bis der Schwarm online ging und die Blume von Rot auf Grün wechselte. Und immer die bange Frage: Schreibt er, schreibt sie zurück?

Wenn man in ICQ eine Chatnachricht erhielt, ertönte dieses «Uh-Oh», als würde ein Teletubbie in den Lautsprecherboxen sitzen und neckisch grüßen. Das Geräusch, nicht mal eine halbe Sekunde lang und wahrscheinlich nur ein paar Kilobyte groß, hat sich tief in unser Gedächtnis eingegraben.

ICQ hat das Kommunikationsverhalten einer ganzen Generation verändert.[1] Man musste nicht mehr den Hörer in die Hand nehmen und erst mit dem Vater oder Mutter als familiärem Gatekeeper ein peinliches Telefonat führen, bis man endlich seine Freundin oder seinen Freund sprechen konnte. Man konnte die Leute einfach anschreiben und sogar mehrere Chats simultan führen. Diese Gleichzeitigkeit war selbst für multi-taskingfähige Schnelltipper ein kommunikativer Drahtseilakt, weil die Adressaten schnell verwechselt werden konnten. Zum Glück gab es keine Autokorrektur oder andere Achtsamkeitsassistenten, die später Fehler reinredigierten und zum Beispiel aus «Duschgel» «Durchfall» machten, sonst wäre die Telefonrechnung am Ende des Monats noch viel höher ausgefallen, um all die Missverständnisse auszuräumen.

Mit ICQ entstand eine eigene Chatsprache, eine Art Internet-Slang. Statt «tschüss» zu sagen, schrieb man «cu» (für «see you», bis bald) oder etwas cooler: «cya». Eine lustige Nachricht wurde mit einem lakonischen «lol» («laughing out loud») quittiert, und wenn man sich vor Lachen kugelte, hackte man «rofl» in die Tastatur, ein Akronym für «rolling on the floor laughing».

Überhaupt gab es für alles Mögliche Abkürzungen: keine Ahnung wurde zu «ka», Moment zu «mom», kein Plan zu «kp», gute Nacht zu «n8», und die Abkürzung «ok» speckte unsere denk- und mundfaule Generation zu einem schlichten «k» ab. Die Fantastischen Vier hätten getrost eine Fortsetzung ihres Hits «MfG – Mit freundlichen Grüßen» schreiben können (das Internet war in der Zeile «EDV, IBM und WWW» immerhin schon präsent). Zuweilen entfuhr einem auch in der mündlichen Kommunikation ein kurzes «lol», wenn man etwas skurril fand. In die Konversationen wurden auch gerne Emoticons wie :) (Smiley), < 3 (Herzchen) oder ^^ (eine Art Augenzwinkern), aber auch comicsprachliche Elemente wie *liebfrag* oder *kaffeehol* eingestreut. Das ging dann so:

«hey, bist du noch wach?»
«kla. Für dich imma»
«haste morgen schon was vor?»

«nee»

«lust auf kino?»

«mom tele»

«so jetz bin ich wieda da. ähm, ja gerne, hab noch nix vor»

«wie wär's mit american pie *frechgrins*?»

«au ja»

«ok, dann bis morgen! hdgl»

«cu»

Da es noch kein Facebook gab, wo Nutzer den Beziehungs-status angeben konnte, wurde die neue Beziehung mit einem Herz-Emoticon in der Away-Message öffentlich gemacht. Wobei: Es war auch mit ICQ und MSN ganz schön kompli-ziert. Unsere Generation könnte wohl tonnenweise Ratge-berliteratur zum Thema «Kühler abservieren mit ICQ» schrei-ben. Wie viele Leute per Chat Schluss gemacht haben? Die Zahl wäre stattlich. Messengerdienste haben Beziehungs-dynamiken beschleunigt, aber auch brüchiger gemacht. So schnell wie man geaddet war, landete man auch wieder auf der *ignore list*. Oder wurde gleich ganz gelöscht. Unsere Ge-neration führte eine wechselhafte, heute würde man sagen On-Off-Beziehung, zu ICQ und zum Internet im Allgemei-nen. Auf die blaue Blume, die uns versprochen wurde, wenn wir diese Mitteilung weiterschickten, warten wir Digital-romantiker bis heute.

ICQ ist mittlerweile ein Youngtimer unter den Messenger-diensten, der Renault Twingo des Chattens sozusagen: ver-spielt im Design, schwach in der Leistung und lärmig beim Anlassen. 1998 erwarb AOL, inzwischen selbst eher eine Liebhabermarke unter den Internetdiensten, die israelische

Entwicklerfirma von ICQ, Mirabilis, für 287 Millionen Dollar.[2] 2010 verkaufte AOL den Messengerdienst für 187,5 Millionen Dollar an einen russischen Investor – also mit einem Nettoverlust von fast 100 Millionen Dollar.[3] Der russische Konzern Mail.ru hat wenig später eine überarbeitete Version auf den Markt gebracht.[4]

Zu den sicherheitstechnisch bedenklichen Extras von ICQ gehörte die Autostart-Funktion. Nach dem Hochfahren des Rechners startete die Anwendung automatisch. Wenn sich also Muttern oder Vattern sonntags an den Rechner setzte – so wie einst das Badewasser teilte man sich in der digitalen Steinzeit auch den Computer in der Familie – und sich die Blume von Rot auf Grün färbte und damit «on» signalisierte, poppte schon mal eine nicht ganz jugendfreie Chatnachricht auf, die für einen anderen Adressaten bestimmt war. Den «Invisible-Status» kannten unsere Eltern natürlich nicht. Wir konnten nur hoffen, dass sie die Kunst des Ignorierens beherrschten – oder das X für Schließen fanden.

Chats waren der Flurfunk des Internets, und irgendwann machte dort auch die Schockseite rotten.com die Runde, einer der dunkelsten Orte des World Wide Web. Die Seite, die von Anti-Zensur-Aktivisten in Mountain View gegründet worden war und sich mit dem zweifelhaften Claim «PURE EVIL SINCE 1996» und einem Sensenmann schmückte, versammelte allerlei verstörende, gewaltverherrlichende Aufnahmen: Fotos von Tierquälern, Kannibalen, Babys in Einmachgläsern, Unfällen, Amputationen, Autopsien, zerfetzten Leichenteilen. Ungefiltert, teils versehen mit zynischen Kommentaren. Man muss bedenken, dass das Internet in den 90ern sehr langsam war und der geringe Download-

Speed einen dramaturgischen Effekt hatte: Bis das Schock-
bild vollständig geladen war, vergingen bange Minuten – und
mit jeder Pixelreihe, mit der sich der Schleier des Grauens
lüftete, wuchs der Nervenkitzel: Doomscrolling 1.0. Es war
eine reale Horrorshow. Mit fasziniertem Abscheu sah der
Nutzer, was ansonsten allenfalls Kriegssoldaten zu Gesicht
bekamen. Es gab noch keine (tauglichen) algorithmischen
Filter und auch keinen digitalen Putztrupp. Trotz meines Er-
kundungseifers habe ich mich nie in diese Schmuddelecke
getraut, aber die Erfahrungen, die Altersgenossen machten,
waren mindestens so traumatisierend wie die Arbeit soge-
nannter Content-Moderatoren, die heute für ein paar Dollar
am Tag den Müll im Netz entsorgen. Dass diese Ekelfotos
noch immer in Foren und zum Teil auch in der Google-
Bildersuche aufpoppen, zeigt die Vergeblichkeit von Lösch-
aktion im Netz.

Rotten.com tänzelte auf einem schmalen Grat zwischen
Geschmacklosigkeit und Gesetzesbruch. Die schamlosen
Ekelfotos riefen auch die Medienaufsicht auf den Plan. Das
Regierungspräsidium Düsseldorf wollte deutsche Internet-
Provider gesetzlich dazu zwingen, rotten.com zu sperren,
was jedoch Widerstand bei Providern und Netzaktivisten
hervorrief.[5] Schnell wurden Zensur-Vorwürfe laut: Der Staat
könnte das Internet wie in China oder im Iran filtern. Der
Chaos Computer Club, der sich um die Meinungsfreiheit im
Netz sorgte, protestierte gegen die Sperrverfügung.

Die neue Wirklichkeit passte nicht in die analoge Welt zwischen Dornfelder und Schönfelder. Aber die Beamten, die in
ihren muffigen Amtsstuben zwischen Aktenordnern und
Faxgeräten die Netzfreiheit neu ausloten sollten, ballerten

an ihren Computern wahrscheinlich genauso Moorhühner ab wie wir.

Das Game, das von einer deutschen Firma für den Whiskyhersteller Johnnie Walker entwickelt wurde, war eine zivilisierte Form des Shooters: Mit dem Mauscursor als Fadenkreuz musste der Spieler in einer idyllischen Landschaft in den schottischen Highlands in 90 Sekunden so viel virtuelles Geflügel wie möglich abknallen. Das Prinzip war simpel: linke Maustaste schießen, rechte Maustaste nachladen. Je weiter die Moorhühner entfernt waren, desto mehr Punkte gab es. Wer zwischendurch Ladehemmung hatte, konnte auch auf die Windmühle oder die Vogelscheuche zielen (der zum Abschuss freigegebene Kirchturm im Dorf versprach Extrapunkte, beim Heißluftballon gab es Punktabzüge). Während im Hintergrund die Vögel zwitscherten, taumelte das Federvieh mit Kreuzen vor den Augen zu Boden.

«Moorhuhn 1», das wegen seiner kleinen Dateigröße (knapp 2 MB) per E-Mail verschickt werden konnte, sorgte für einen Computerspielhype. Schüler, Lehrer, Politiker – alle jagten Moorhühner. Es wurden Bestenlisten geführt, Cheats und Sondereditionen entwickelt, sogar Meisterschaften ausgetragen. In einigen Firmen brachen die Rechnernetze zusammen, weil Mitarbeiter in der Mittagspause Moorhühner schossen oder sich das Spiel übers Intranet schickten.[6] Die Schäden durch Arbeitszeitverlust gingen in die Millionen. Um Angestellte vor Mitarbeiterüberwachung zu schützen, wollte der Spielentwickler das Game mit einer «Cheftaste» versehen, bei deren Betätigung der Bildschirm zur Bürosoftware zurückspringt.[7] Bis dahin war es ratsam, den

Lautstärkeregler etwas leiser zu drehen – sonst gackerte und knallte es aus den Boxen.

Die virtuelle Wilderei brachte allerdings nicht nur Arbeitgeber und Pädagogen auf die Palme, sondern auch Tierschützer. «Sind Sie auch ein Moorhuhn-Mörder?», fragte das Boulevardblatt «B. Z.» empört.[8] Ob die Geflügeljagd ein Vorbote des militanten Veganismus war oder einfach nur eine Ersatzhandlung für den Heißhunger auf Chicken McNuggets, lässt sich im Nachhinein schwer rekonstruieren. Fakt ist, dass das Moorhuhn bei Betriebsleitern gefürchteter war als die Maul- und Klauenseuche. Zwar schleppten die Moorhühner keine Vogelgrippe ein, dafür aber Computerviren, die sich in das BIOS fraßen und die Festplatte überschrieben.[9] Die Vogelart wurde später weiter ausgeschlachtet: Es wurden Computerspiele, Plüschtiere und Songs produziert. Die Komödiantennummer «Gimme More Huhn» von Wigald Boning landete sogar in den Charts.

Die Musiklandschaft veränderte sich ebenfalls rasant. Wir bekamen Blümchen statt Flower Power, Oli P. statt LP. Während wir Teenager in unseren Jugendzimmern zwischen Bravo-Postern Christina Aguilera («Genie In A Bottle») und Bloodhound Gang («Along Comes Mary») hörten und unseren ersten Liebeskummer in Eistee und Kiba ertränkten, sickerte über die Telefonleitung eine Revolution ein, die das Musikbusiness erschüttern sollte: die Internet-Tauschbörse Napster. Auf der Website napster.com ließen sich alle möglichen Musiktitel als MP3-Datei herunterladen – von Abba bis Zappa. Musik per Mausklick. Gratis, einfach so.

Das Prinzip funktionierte – vereinfacht gesagt – so: Der Rechner des Clients, also des Nutzers, verband sich mit dem

Zentralrechner und erlaubte Zugriff auf seine Musikbibliothek. Wer einen Song herunterladen wollte, wurde von Napster zu einem PC weitergeleitet, der den Titel auf seiner Festplatte hatte. Man war also gleichzeitig Host und Client, Downloader und Uploader. Wie bei einer digitalen Basarökonomie. Während man bei anonymen Usern wie «neoxraver» oder «clark7872» die neueste N'Sync-Single zog, saugten andere von einem selbst die neuen Alben von Linkin Park, die auf der eigenen Festplatte lagen. Das war das Prinzip des Filesharings: Wer nimmt, muss auch geben. Und genau das war illegal. Ein bisschen wie bei Cannabis. Der Besitz ist strafbar, der Konsum straflos. Wobei der Konsum ohne Besitz kaum möglich ist. Es war so, als hätte man auf einer riesigen Raver-Party Single-CDs ausgetauscht und daheim am Rechner kopiert. Wir zogen ganze Alben und Spiele herunter, die wir dann mit «Nero» auf CD brannten. Schnell noch das Cover kopiert, farbig ausgedruckt und zugeschnitten – fertig war die Bravohits-CD. Der PC lief die Nacht durch, wie in einer Bitcoin-Farm, damit die nötigen Datenpakete zusammenkamen, und wenn die Eltern morgens fragten, warum der Rechner angeschaltet sei, dann antworteten wir einfach, dass wir bloß Softwareupdates herunterluden.

Gegründet wurde Napster von dem College-Studenten Shawn Fanning, Jahrgang 1980, einem bleichgesichtigen Vorstadtjungen aus Massachusetts, der wie eine Mischung aus Eminem und Justin Timberlake aussah. 1998 schrieb Fanning in seiner Studentenbude an der Northeastern University ein Computerprogramm, das den Tausch von MP3-Dateien vereinfachen sollte. Im selben Jahr wurde der Geek in die private IRC-Chatgruppe w00w00 eingeladen, eine Art digitale Geheimloge, wo sich zahlreiche Hacker tummelten, unter anderem auch der spätere WhatsApp-Gründer Jan Koum.[10] Dort traf Fanning unter dem Pseudonym «Napster» (den Spitznamen hatte er vom Basketball, weil er seine Strubbelfrisur unter einem Cappy verbarg) seinen Mitstreiter Sean Parker. Gemeinsam starteten sie eine Beta-Version, die sich rasch über Chats verbreiten sollte. Um ihr Business aufzubauen, zogen die beiden Jungunternehmer ins Silicon Valley. Dort sollte Parker später den aufstrebenden Programmierer Mark Zuckerberg kennenlernen, in dessen Unternehmen Facebook er früh investierte, woraufhin er zum Milliardär wurde. Anfangs gaben die Investoren keinen Pfifferling auf Napster. Sie waren der festen Überzeugung, dass niemand seine private Festplatte freigeben würde, um Musik zu teilen. Doch sie lagen mit ihrer Annahme komplett daneben. Im Juni 1999, vier Monate nach dem Start, waren schon 150 000 Nutzer angemeldet. Die Filesharing-Plattform wuchs vor allem dank Colleges mit High-Speed-Internetzugang, wo Studenten loadeten, was die Leitung hergab. Im Februar 2001, auf dem Höhepunkt von Napster, sollten 80 Millionen User an das Netzwerk angeschlossen sein.[11]

Die Plattform wurde oft als «Killer-App des Internets» bezeichnet: Musste man vorher für CDs Geld ausgeben, war Musik plötzlich kostenlos zum Download verfügbar. Sehr zum Ärger der Plattenlabels, die um ihr Geschäftsmodell bangten. Im April 2000 verklagte die Rockband Metallica die Tauschbörse wegen Urheberrechtsverletzung. «Napster hat unsere Musik gekapert, ohne zu fragen», sagte Drummer Lars Ulrich in der Anhörung vor dem US-Kongress.[12] Aber war der Download von Musik wirklich verwerflicher als der

Mitschnitt von Radiosendungen, wie er von unseren Eltern praktiziert wurde?

Die Tauschbörse war eine aus dem Silicon Valley orchestrierte Jugendrevolte gegen die Musikindustrie, gegen mächtige Player wie Sony oder Warner Music, die die Stars der Branche unter Vertrag hatten. Der umtriebige Bertelsmann-Chef Thomas Middelhoff, Branchenkürzel «Big T», wollte seinen Konzern zur Nummer 1 im Musikgeschäft machen und führte noch während des Rechtsstreits Verhandlungen mit Napster: «Diese modernen Robin Hoods der Musik wachsen schneller, als die Musikindustrie reagieren kann.»[13] Allein, die Träume, am Internet-Boom teilzuhaben, platzten bald. Napster wurde 2001 stillgelegt. Doch das Prinzip Tauschbörse war damit nicht tot. Später folgten Klone wie Morpheus, eMule oder Kazaa. Sharman Networks, der Betreiber von Kazaa, eine Gesellschaft mit Sitz im südpazifischen Steuerparadies Vanuatu, sah sich wegen Produktpiraterie mit zahlreichen Rechtsstreitigkeiten konfrontiert. Die Server von Kazaa standen in Dänemark, die Domain (www.kazaa. com) war von der australischen Firma LEF Interactive registriert, die den revolutionären Anti-Establishment-Gestus schon im Namen trug (LEF war eine Abkürzung für *liberté, égalité, fraternité*). Bis sich mit Apples iTunes oder dem Streamingdienst Spotify ein tragfähiges Geschäftsmodell etablieren sollte, gingen noch ein paar Jahre ins Land. Für uns fühlte sich Napster an wie die in dicken Geschichtsbüchern beschriebene mittelalterliche Allmende: eine Weidefläche, die jeder Bauer nutzen durfte. Man konnte das gesamte Musikangebot abgrasen, ohne etwas bezahlen zu müssen. Genau das war ja immer die Forderung der anarcholibertären Aktivisten gewesen: Niemand darf im Netz etwas besitzen! Texte, Bilder, Musik – das Internet gehört niemandem und jedem.

In der Causa Napster zeigte sich das gesamte Konflikt- potenzial der Internetwirtschaft wie unter einem Brennglas: Die porös werdende Privatsphäre, die Anonymität, die kryp- toanarchistische Vorstellung, (geistiges) Eigentum sei illegi- tim. «Information wants to be free», lautete das Motto der kalifornischen Gegenkultur. Wir hatten unser Taschengeld für CDs und Kassetten gespart und wussten natürlich, dass Unterhaltung nicht kostenlos sein kann. Als ich das erste Mal mit eMule einen Song herunterlud, hatte ich das Gefühl, etwas Verbotenes oder zumindest Unanständiges tun. Bevor ich auf den Download-Button drückte, ließ ich in meinem Jugendzimmer erstmal die Rollläden runter. Was natürlich bescheuert war, weil die Polizei einen über die IP-Adresse ausfindig machen konnte. So wie Napster-Mitgründer Sean Parker, der schon als 16-Jähriger vom FBI aufgegriffen wurde, nachdem die Beamten seine IP zurückverfolgt hatten.[14] Das wusste ich noch nicht, und ob die baden-württembergische Polizei, die damals in diesen lächerlich gärtnergrünen Uni- formen herumlief und deren Funk ich mit dem Transistor- radio meines Vaters abhören konnte (sorry for that!), digital- forensische Kenntnisse besaß, wage ich im Nachhinein zu bezweifeln. Aber man weiß ja nie. Irgendwann waren diese Gewissensbisse wie weggeblasen, das anfängliche Zögern und die Fragen wichen peu à peu einer Gratis-Mentalität. Für unsere Generation war es selbstverständlich, dass In- halte im Netz kostenlos sind: Musik, Filme, Spiele. Während wir in unserem dunklen Kämmerlein vor dem Computer

hockten und das nächste Album zogen, schauten unsere Eltern im «Zett-Dee-Eff» die Hitparade und labten sich an einer
Heile-Welt-Version der Wirklichkeit – wobei sie ja nicht mal
für ihren Kandidaten anrufen konnten, da die Leitung unter
Umständen belegt war. Alpenglühen dort, glühende Drähte
hier – unterschiedlicher konnten die Welten kaum sein.

Das öffentlich-rechtliche Fernsehprogramm hatte immer
noch einen überschaubaren Unterhaltungswert. Dass der
Fußball-Kaiser Beckenbauer 1999 für «Premiere World», oder
wie er sagte, «Bremiere Walt», warb, konnte der geneigte Zuschauer in der zur Schau gestellten Heimatlichkeit fast
schon als metaironische Kulturkritik verstehen. Fernsehen
on demand in der biedermeierlichen Berghütte: ganz großes
Kino!

Die Zuschauer auf den billigen Plätzen, die sich das Be-
zahlfernsehen samt Decoder nicht für 49,90 DM Monatsge-
bühr anschaffen wollten, sahen jedoch keine Bundesliga,
sondern eine halbe Minute nach dem Anpfiff einen grauen
Flimmer auf der Mattscheibe, als würde man durch eine Ja-
lousie durchblinzeln. Immerhin: Mit der kostenlosen Ton-
spur wurde auch dasjenige Publikum adressiert, das sich bei
Open-Air-Konzerten auf nahegelegenen Hügeln zu postieren
wusste, um noch ein paar Windstöße von «Satisfaction» oder
«It's my Life» zu schnorren. Findige Computerhacker ließen
sich mit diesem Programm allerdings nicht abspeisen: Sie
crackten die Verschlüsselung, sodass sie sich auf dem heimischen Sessel bequem Formel 1 «aus sechs Perspektiven»
ansehen konnten – zum Nulltarif. Um den Schwarzsehern
das Signal zu kappen, wechselte Premiere mehrmals den
Verschlüsselungscode und verschickte seinen Kunden neue

TV-Karten in schickem Bordeauxrot, womit die ambitionierten Umweltvorhaben der rot-grünen Regierung gleich wieder zunichtegemacht wurden. Der Umstand, dass zahlreiche Menschen mit einer «Hackerkarte» beglückt wurden, verursachte einen Millionenschaden – und war einer der Gründe, warum das Kirchimperium pleiteging.

Der Markt kam in Bewegung. Der Medienmogul Rupert Murdoch hatte den einstigen «Frauensender» «tm3» erworben und sich für 850 Millionen DM die Rechte an der Champions League gesichert.[15] Der Sensations-Coup verschaffte dem Sender nicht nur einzigartige Quoten, sondern verhalf auch der Sendung «Ruck Zuck» zu ungeahnter Prominenz. Nach dem Börsengang der Deutschen Telekom lief der Neue Markt jetzt richtig heiß: Kleinanleger investierten Unsummen in Unternehmen wie Sunburst, Gigabell und Infomatex, selbsternannte Börsengurus gaben immer neue Kaufempfehlungen und heizten die Spekulation weiter an. Alles, was «inter», «bio» oder «tech» im Namen hatte und nur annähernd nach New Economy klang, versprach satte Gewinne. Das «Multimedia»-Unternehmen Metabox hatte die grandiose Idee, die Deutschen dort abzuholen, wo sich sie die meiste Zeit aufhielten: auf der heimischen Couch. Mit einer speziellen Set-up-Box sollte der Fernseher zum Internetzugangsgerät werden. Statt sich in der Werbepause zum hundertsten Mal die DEA-Werbung mit Herrn Ahrens anzuschauen, sollte der Zuschauer in der Zeit mit der Fernbedienung im Internet surfen. Das Unternehmen legte einen fulminanten Börsenstart hin. Auch Nokia stieg ins Geschäft ein: Mittels eines Mediaterminals sollten sich die Nutzer über den Flimmerkasten ins World Wide Web einklinken. Dass der verfrühte Smart-

TV floppte, lag zum einen daran, dass die zu programmieren-den Seiten in Konkurrenz zum Videotext standen, zum ande-ren, dass die Multimedia-Gurus das Internet als Teilfunktion des Fernsehens begriffen. Bei Nokia sprach man nicht von «Internet-TV», sondern von «TV and more».[16] Dass die High-flyer sich bald als marode Softwarehäuser oder Pennystocks erweisen sollten und das Vermögen von Millionen Anlegern verbrennen würden, konnte oder wollte noch keiner ahnen.

Einen Steinwurf von der Villa, von der aus Thomas Mid-delhoff mit dem Helikopter auf Firmenkosten in die Arcan-dor-Zentrale einschwebte, um dort seine hochfliegenden New-Economy-Pläne zu schmieden, fand in der Bielefelder Seidensticker-Halle einer der denkwürdigsten Parteitage der bundesrepublikanischen Geschichte statt: Die Grünen de-battierten unter Polizeischutz über den NATO-Einsatz der Bundeswehr im Kosovo. Die Vertreibungen und ethnischen Säuberungen weckten schreckliche Kriegsängste bei den Deutschen, und die Frage, ob ein drohender Völkermord eine militärische Intervention legitimierte, spaltete die aus der Friedensbewegung entstandene Partei. Die Bilder, wie der kämpferische Fischer mit rotverschmiertem Jackett unter Buhrufen und Trillerpfeifen auf die Bühne trat und «nie wieder Krieg, nie wieder Auschwitz, nie wieder Völker-mord, nie wieder Faschismus» in den Saal rief, haben sich ins kollektive Gedächtnis eingebrannt. Der Kosovokrieg 1999 gilt als erster «Internetkrieg» der Geschichte – der militä-rische Konflikt dehnte sich auch auf den virtuellen Raum aus. Serben und Kosovo-Albaner nutzten die Anonymität des Cyberspace, um ihre Propaganda zu verbreiten, die Webseite der Nato wurde von Hackern aus Belgrad attackiert.[17]

Als am 11. August 1999 der Mond die Sonne verdunkelte und wir mit unseren funkigen Sonnenfinsternisbrillen (Markenkürzel SoFi) am helllichten Tag gebannt auf den Nachthimmel starrten, wussten wir nicht, in welche Zukunft wir schauten. Was wurden vorher nicht für Untergangsszenarien an die Wand gemalt: Die Börse würde crashen, die Raumstation Mir auf Paris stürzen und die Stadt verwüsten! Für Spannung war also gesorgt. Hollywood hätte kein besseres Science-Fiction-Drehbuch schreiben können. Mein Vater und ich hatten in der selbsternannten «SoFi-Hauptstadt» Stuttgart[18] Campingstühle auf den Bürgersteig gestellt und in Position gebracht, das Firmament wurde zur Kinoleinwand.

Die Tatsache, dass Stuttgart im Zentrum des Kernschattens lag, wusste das Stadtmarketing gekonnt auszunutzen, sodass tags zuvor alle Fernzüge, die in der Stadt ankamen, rammelvoll waren. Der Internist ein Stockwerk drunter, die Arzthelferinnen, die Angestellten der Bäckerfiliale – niemand in der Nachbarschaft wollte sich das Naturschauspiel entgehen lassen. Als sich um 12:32 Uhr und 57 Sekunden der Mond vor die Sonne schob und Deutschland für gut zweieinhalb Minuten verdunkelte, brandete Jubel auf: Die Menschen applaudierten, stießen mit Sekt und Champagner an und lagen sich in den Armen. Eine unheimliche Stimmung war das: Die Straßenlaternen gingen an, das Vogelgezwitscher verstummte. Ein Hauch von Fin de Siècle lag in der Luft. Vielleicht war der Szenenapplaus für die Natur in der Schwabenmetropole auch etwas lauter – es kostete ja nichts. In Paris wurde schon etwas mondäner gefeiert: Dort versammelten sich die Leute zu einem «apéritif des survivants», einem Aperitif der Überlebenden. Und auch die Passagiere der Concorde, die mit dem Überschallflugzeug gen Westen mit dem Mondschatten flogen, landeten heil auf dem Boden.

Untergangspropheten sagten zum Jahrtausendwechsel einen Totalabsturz aller Computer voraus. Das Jahr-2000-Problem, auch Y2K-Bug genannt, ein Fehler in der Software, würde dazu führen, dass Fahrstühle in die Tiefe rasen, Flugzeuge vom Himmel fallen und Sparguthaben gelöscht würden. Weil in den 80er Jahren, jener Zeit, als die meisten Computerprogramme geschrieben wurden, der Speicherplatz begrenzt und teuer war, nutzten die Programmierer für die Jahreszahl einen zweistelligen Code, also 95 für das Jahr 1995. Die Zahl «19» wurde weggelassen. Daher war die Sorge, dass Computer beim Jahrtausendwechsel auf den 1. Januar 1900 umstellten – und wie eine Zeitmaschine die Uhr zurückdrehen würden. In den USA herrschte Untergangsstimmung, das Marinekorps rechneten mit 26 Millionen Amerikanern ohne Strom, Wasser und Benzin.[19] Notstromaggregate wurden aufgestellt, Krisenstäbe eingerichtet. Börsenmakler schlossen panisch Versicherungen ab, Banken stockten Bargeldreserven auf[20], Prepper deckten sich mit Propangas ein und bereiteten sich auf den Big Bang vor.[21] Oder packten gleich ihr Survival-Zeug ein. Der Doomsday war so nahe wie nie. Der französische Soziologe Jean Baudrillard hatte sogar behauptet, das Jahr 2000 finde nicht statt. Dass das millenaristische Panikorchester nicht bloß eine fixe Idee postmoderner Denker war, beweist ein Blick in die Archive. In Fachzeitschriften wurde die Frage diskutiert, ob der Millennium-Bug einen Mangel im Sinne des Gewährleistungsrechts darstellt. Wenn die Kreditkarte spann oder die Bierhähne nicht mehr funktionierten, wollte man schließlich wissen, wie man wieder an sein Geld kam. Wir Millennials schauten recht ent-spannt durch unsere glitzernde 2000er-Brille, deren Gläser durch zwei Nullen in der Mitte geformt wurden. Die Apoka-lypse blieb am Ende doch aus; außer ein paar Störungen bei Geldautomaten und falschen Kontoauszügen hat das Com-puternetz den Datumswechsel gut überstanden.[22]

6. Per Webcam in den TV-Knast

Das Jahr 2000 startete standesgemäß futuristisch. Mit E-Cyas (kurz für: «Electronic Cybernetic Artifical Superstar») betrat ein virtueller Popstar die Bühne, der es mit der Meta-Single «Are U Real?» in die Charts schaffte. Das Cyberwesen, das aus 60 000 digitalen Polygonen zusammengepixelt wurde, war 1998 auf der CeBIT Home zusammen mit der Plattform Cycosmos präsentiert worden – einer Community, die von digitalen Doubles bevölkert und als «Search Engine for People», als Suchmaschine für Menschen, vermarktet wurde (die älteren Semester kannten das schon von den Heiratsvermittlungen unter dem Stichwort «Katalogfrauen»).[1] Statt ein Profilbild hochzuladen, entwarf der Nutzer einen Avatar und chattete in einem elektronischen «Message-Center». Mit Flügeln, pinkem Rock oder anzüglichem «69»-Herz brezelten die «Cycosmonauten» ihre Avatare auf, als würden sie an einer virtuellen Love Parade teilnehmen.

E-Cyas war der Star der Community. Er bekam massenhaft Fanmails aus Deutschland, Österreich und der Schweiz.[2] Die Figur war angeblich eine Mischung von Ethan Hawke, James Dean und Jim Morrison. Doch der Avatar sah eher so aus, als wäre ein Phantombildzeichner beim Versuch, ein Kevin-Kurányi-Bärtchen und einen Keanu-Reeves-Haarschnitt zu kombinieren, gescheitert. Den Machern war es egal. Euphorisch machten sie den Avatar bühnentauglich und setzten ihn durch ein optisches Motion-Capture-System in Szene.[3] Nach dem Vorbild von Kyoko Date, einem virtuellen Idol, das in Japan für Furore gesorgt hatte, sollte eine computergenerierte Rockröhre geschaffen werden. Ein Star aus der Konserve, ohne Launen, Allüren und Eitelkeiten, den man auf Hologrammtournee schicken konnte. Das Technogedudel, das im Januar 2000 in die Läden kam, klang recht künstlich, weshalb wir die Single wahrscheinlich alle wieder vergessen haben.

Vielleicht liegt es aber auch daran, dass man von einem anderen Avatar dauerbeschallt wurde: Robert T-Online, die wohl nervigste Schöpfung der Kulturindustrie seit Karl Klammer, dem Office-Assistenten von Microsoft. Der Avatar – blond gegelte Haare, Krawatte, marineblauer Anzug – war hartnäckiger als jeder Werbefuzzi und Versicherungsvertreter. Optisch an den Computermenschen Max Headroom erinnernd und phraseologisch hochgetunt, textete der virtuelle Yuppie das Publikum mit seinen Werbefloskeln zu. «High Speed zu Low Cost» – so klangen seine Standardsätze. Die Telekom hatte Manfred Krug in Rente geschickt, die Zukunft verkörperte ein Avatar. Unter dem Eindruck von «Matrix», der 1999 im Kino lief, wusste man zuweilen nicht, ob der Avatar eine recycelte Version von Oliver Bierhoff («Dann die Sahne von Danone») war, der computertechnisch noch glatter gebügelt wurde, oder ob Guido Westerwelle der reale Wiedergänger von Robert T-Online war. Es herrschte kollektive Verwirrung. Irgendwann um das Jahr 2003 hat das Telekom-Management sein Internet-Maskottchen ausrangiert und durch einen Tatort-Kommissar ersetzt («back to the roots» quasi). Und genau darin besteht der Vorteil eines Avatars: Er kann jederzeit abgeschaltet werden, ohne dass dies ein juristisches Nachspiel hätte. Allein, das nasale «Robääärt», das menetekelnd durch die Lautsprecher der Mattscheibe quäkte, wurden wir leider nicht mehr los. Die Geister, die man rief. Insofern war die Frage ganz richtig: «Are U Real?»

Das galt auch für die Reality-Show «Big Brother». Zehn Kandidaten, fünf Frauen und fünf Männer, ließen sich freiwillig 100 Tage in einen Container in Köln-Hürth mit einer Fläche von 153 Quadratmetern einsperren und rund um die Uhr von 28 Kameras überwachen: beim Essen, Schlafen, Sex. Live zu sehen im Privatfernsehen auf RTL2. Jeder Teilnehmer durfte zwei Koffer mitnehmen, die Möbel durften nicht verrückt werden. Ein bisschen wie im Knast. In einem Sprechzimmer, dessen Türe sich elektronisch öffnete, musste jeder Teilnehmer zwei Kandidaten nominieren, die das Haus verlassen sollten. Der Gewinner erhielt 250 000 DM.

Wir verstanden die Anspielung auf George Orwells «1984» noch nicht, aber natürlich bekamen wir die Diskussionen in der Öffentlichkeit mit. Schon Wochen vor dem Sendestart heulten die Moralisten auf. Der rheinland-pfälzische Ministerpräsident Kurt Beck (SPD) wollte unter Verweis auf das «Zwergenweitwurf-Urteil» des Verwaltungsgerichts Neustadt aus dem Jahre 1992 das Containerexperiment verbieten[4], Innenminister Otto Schily rief zu einem Boykott der Show auf. Verfassungsrechtler kritisierten einen Verstoß gegen die Menschenwürde. Von einem «Menschenzoo» war gar die Rede.[5] Das war natürlich beste PR für das Format, denn das öffentliche Gerede befeuerte die voyeuristische Neugier des Publikums.

Drei Millionen Zuschauer schauten im Durchschnitt dabei zu, wie zehn kasernierte Durchschnittsbürger ein tägliches Schauspiel der Banalität aufführten. Zum Ensemble gehörten: Alex, Kneipenwirt und Porschefahrer aus Bonn, der mit seinen Sonnenbrillen den Macho repräsentierte. Jürgen, Feinblechner aus Köln. Sein Kumpel Zlatko, Spitzname «Sladdi», Schwabe mit mazedonischen Wurzeln, zu dessen literarischem Kanon alles außer Shakespeare gehörte. Der Arbeitslose John aus Potsdam. Und Sabrina, die blonde, solariumgebräunte Dachdeckerin aus Bergheim, die nach Zlatkos Auszug in den Container zog und mit ihrer üppigen Oberweite die Einschaltquoten steigerte.

Man musste sich die Teilnehmer als glückliche Menschen vorstellen. Im Rahmen einer sogenannten Wochenaufgabe, die die quälende Sinnleere mit Inhalten füllen sollte, mussten die WG-Bewohner in einer virtuellen Deutschlandtour 2824 Kilometer auf einem Hometrainer abstrampeln (nachzuschauen auf Youtube). Es war ein Sozialexperiment vor laufender Kamera, das auch deshalb so gut funktionierte, weil der Cast der holländischen Produktionsfirma Endemol genial war. Die erste Berührung unserer Generation mit der Überwachungsgesellschaft war heiter, ironisch, burlesk. «Big Brother» war wie «GZSZ», nur echt.

Schon nach wenigen Wochen hatte die Reality-Show ihren ersten Skandal, als Alex mit Kerstin unter der Bettdecke lag, aufgezeichnet von Infrarotkameras. Es hatte so weit kommen müssen. Dennoch zeigte sich der «Spiegel» enttäuscht: «Jedes Webcam-Girl zeigt heute schneller mehr.»[6] Das Publikum schien das «Spannerspektakel» («Spiegel») indes zu goutieren. Die WG-Bewohner avancierten zu Influencern.

Jeder kannte ihre Vornamen, als wären sie Mitglieder einer Popgruppe. Der «Bravo» waren nicht mehr Poster von Britney Spears oder der Kelly Family, sondern von Zlatko beigelegt. Die Frage, ob man Team Jürgen oder Team John war, schien fast wichtiger als die Entscheidung zwischen Eastpak oder 4YOU. Unser Musiklehrer Gereon M. – ein Schöngeist, der als Cellist unter anderem in Cagliari auftrat und mit seinen langen braunen Haaren die etwas gepflegtere Variante von Guildo Horn verkörperte – ließ im Unterricht abstimmen: Die Klasse votierte eindeutig für Jürgen. Spätestens hier wurde klar, dass «Big Brother» auch anschlussfähig an die klassische Kunst und an das Feuilleton war, das sich nahezu täglich in neuen, theoriegesättigten Deutungen des Spektakels erging. Die «Neue Zürcher Zeitung» legte sich fest: «Für Zeitgeistsoziologen wird ‹Big Brother› ein Pflichtprogramm sein.»[7] Das Magazin «Focus», von dem unsere Generation nur noch die barocke Gestalt des Chefredakteurs Helmut Markwort aus der TV-Werbung im Gedächtnis hat («Fakten, Fakten, Fakten»), holte zu einem kulturkritischen Rundumschlag in bestem Nietzsche-Sound aus: «Die Deutschen, so scheint's, sind ein Volk von Videoten.»[8]

Um in die zwischenzeitlich etwas müde gewordene Wohngemeinschaft frischen Wind zu bringen, zog TV-Sternchen Verona Feldbusch als Femme fatale mitsamt eigenem Dixi-Klo in den Container.[9] Die Containerinsassen wurden wie Popstars gefeiert: Beim Finale standen 6000 Fans vor einer Open-Air-Bühne und feierten die «Freilassung» ihrer Idole.[10] Autogrammstunde hier, TV-Auftritt dort – das mediale Interesse an den Containerinsassen war riesig. Der Fernsehphilologe Zlatko stürmte mit Hits wie «Ich vermiss' Dich (wie die Hölle)» und «Großer Bruder» die Charts und vermarktete seine eigene Biermarke («Shakesbier»). Während wir uns im Deutschunterricht mit Gedichtinterpretation quälten, kam uns Zlatkos Songtext in den Sinn: «Ob nun Shakespeare oder Goethe/Die sind mir doch scheißegal.»

Auch die Expo 2000 in Hannover bediente, wohl eher unfreiwillig, den Voyeurismus der Massen. Als sich Ernst August von Hannover bei seinem Heimspiel im Suff morgens um 11 Uhr am Türkischen Pavillon erleichterte, wurde er nicht etwa von den Kameraaugen einer Webcam gefilmt, sondern von Besuchern fotografiert – also von der guten alten Technik überführt. Eine schockierte Augenzeugin berichtete der «Bild»-Zeitung: «Wir sahen, wie Ernst August seinen Hosenschlitz öffnete und urinierte. Wir konnten den Urinstrahl deutlich sehen.»[11]

Deutschland torkelte im postpubertären Hedonismus-Modus ins neue Jahrtausend. Zwischen dem Kult-High-School-Film «American Pie» und Stefan Raabs Blödelnummer «Wadde hadde dudde da?» beim Eurovision Song Contest konnte nicht mal Richterin Barbara Salesch für Vernunft sorgen. Entertainer Rudi Carrell erklärte den Deutschen in der ARD-Show «Rudis Suchmaschine» das ABC des Internets, und Hape Kerkeling servierte in der Comey-Sendung «Darüber lacht die Welt» Angela Merkel beim CDU-Parteitag einen Eisbecher Copacabana. Alle hatten Fun, trotz BSE-Skandal und CDU-Parteispendenaffäre. «Maschendrahtzaun in the morning. Maschendrahtzaun late in the night.» Sogar der deutsche Gangster-Rapper Gerhard Schröder schaffte es mit seinem Reim «Hol' mir mal 'ne Flasche Bier, sonst streik ich hier» in die Hitparade, nachdem Blödelbarde Raab die Äußerung des Kanzlers bei einer Autogrammstunde in einem Polka-Remix abmischte. Wir feierten Schröder für diesen Spruch. Er sprach uns aus dem Herzen. Wären damals Memes als Element der Populärkultur verbreitet gewesen, hätte der Kanzler weder die Glotze noch die Bams zum Regieren gebraucht. Sinnbildlich für die allgemeine Disco-Pogo-Stimmung war die MTV-Comedyserie «Jackass»: In der Krawallsendung ließen sich übermütige Teenager in waghalsigen, nicht zur Nachahmung empfohlenen Stunts in Einkaufswagen über Halfpipes in Gebüsche schubsen.

Die Kulturkritik, die sich sonst immer über den lahmen Humorstandort Deutschland beschwerte, schnaubte ob der immer schriller und promiskuöser werdenden Spaßgesellschaft.[12] Da hatte der Spaßpolitiker Guido Westerwelle den Container aber noch gar nicht betreten. Der Gastauftritt des FDP-Generalsekretärs bei «Big Brother» sollte erst in der zweiten Staffel folgen. Da saß dann der Politiker mit einer Flasche Bier in einem Blechcontainer zwischen einer Friseurin, Aerobictrainerin und der Geschäftsführerin einer Abbruchfirma, die nun wahrlich nicht zur FDP-Klientel gehörten, und sagte, um Gemeinsamkeiten bemüht, dass die videoüberwachte WG sich im Grunde nicht vom Politikbetrieb unterscheide: «Wir haben auch überall diese Kameras.»[13] Willkommen in der Tele-Demokratie. Harry, der Rocker mit der Lederweste und den Hafenarbeitertattoos auf den Oberarmen, rechnete dem FDP-Politiker vor, wie man mit einem Wochenbudget von 270 DM für elf WG-Bewohner Lebensmittel kauft.[14] Da blieb nicht mehr viel Netto vom Brutto.

«Big Brother» war nicht die Zukunft des Fernsehens, wie

manche orakelten, es war im Grunde der Anfang vom Ende des Fernsehens. Denn das Fernsehen sollte vor anderen Bildschirmen stattfinden. Neben der abendlichen Sendung gewährte die Netzrepräsentanz www.bigbrother-haus.de durch das Guckloch von Webcams Einblicke in die Versuchsanstalt. Ob zu Hause oder in der Schule im Computerraum – wir verfolgten im Livestream, wie die Kandidaten ihre Fingernägel schnitten, Kartoffeln schälten oder im Waschzuber badeten. Man hatte das Gefühl, die Unfreiheit anderer zu konsumieren. Das Interesse an diesen Banalitäten war riesig: www.bigbrother-haus.de war zeitweise die meistgeklickte Seite Europas.

Ohne Internet hätte es die Kunstfigur Sladdi wohl gar nicht gegeben: Der Kfz-Mechaniker surfte mit AOL im Internet, als er plötzlich einen Werbebanner von «Big Brother» sah. So erzählte er es im Recycling-Format «Promi Big Brother» 2019. Gut, dass er drin war. Der TV-Knast wäre sonst nur halb so amüsant gewesen. Die Mitglieder der Kommune 1 um Rainer Langhans hatten in ihrer WG sogar die Klotüren ausgehängt, weil das Private politisch war. Im Container war das Private völlig unpolitisch (selbst beim Besuch von Guido Westerwelle wurde nur außerhalb des Zauns über Politik gesprochen). Das Aktionstheater wurde radikal vermarktet. 70 000 Bewerbungen für die zweite Staffel gingen bei RTL2 sein.[15]

Der Deutsche Fußball-Bund (DFB), der das Containerformat schon in Malente erprobt hatte und den im Gegensatz zum Reality-TV große Nachwuchssorgen plagten, kündigte zur Europameisterschaft 2000 in Belgien und den Niederlanden vollmundig eine «Online-Offensive» an. Auch der Reklameheld Oliver Bierhoff und Bravo-Sport-Liebling Sebastian Deisler hatten mittlerweile eine eigene Homepage. Grund genug, das digitale Marketingpotenzial zu nutzen, dachten sich wohl die Funktionäre in der Frankfurter DFB-Zentrale. Doch das geplante Forechecking mit Bytes und Bits ging nach hinten los. Bei den live ins Netz gestreamten Pressekonferenzen präsentierte der DFB Standbilder[16], bei der EM Standfußball. Das Team von Bundestrainer Erich Ribbeck schied bereits in der Vorrunde aus.

Es ist eine Ironie der Geschichte, dass fast gleichzeitig zum Start von «Big Brother» die Computersimulation «Die Sims» auf den Markt kam. Dort ließ sich mit einem Avatar das Leben eines amerikanischen Durchschnittsbürgers nachspielen: Job finden, Familie gründen, Haus bauen. Zu Beginn galt es, einen eigenen Sim zu erstellen: Geschlecht, Aussehen, Charakter – alles ließ sich nach Belieben designen. Beim Charakter konnte der Spieler die Ausprägung der Attribute «ordentlich», «extrovertiert», «aktiv», «verspielt» und «nett» einstellen. Und dann ging es mit einem Startvermögen von 20 000 Dollar los: Boden verlegen, Türen und Fenster einbauen, Einrichtungsgegenstände auswählen. Das schnurlose Telefon mit Nummernspeicher für Freunde und «Pseudo-Intimsphäre» durfte natürlich nicht fehlen.

Der Sims-Kosmos wurde bevölkert von etwas steifen, stereotypen Avataren – Frauen in Cocktailkleidern oder Männern in kurzen Turnhosen etwa. Jeder Sim hatte so seine Bedürfnisse – Hunger, Komfort, Hygiene, soziales Leben, Spaß, Wohnung, Harndrang – und konnte dabei anstrengender sein als ein Tamagotchi. Die Sims hatten ein ausgesprochenes Hygienebedürfnis, nichts machte sie depressiver als Essensreste oder Hundepippi in der Wohnung. Zur intellektuellen Befriedigung gab es nur die «Bild»-Zeitung, die man glücklicherweise zum Altpapier legen konnte. Beim Klick auf Spielfiguren oder Objekte poppten verschiedene Handlungsoptionen auf, zum Beispiel «flirten», «Kompliment machen» oder «in die Stadt einladen». Dort konnte man mit Sportklamotten ins Nobelrestaurant latschen oder im Blumenladen rote Rosen kaufen, um sich dann wieder mit dem Taxi nach Hause kutschieren zu lassen.

In der kleinen Welt der Sims wurde es schnell persönlich. Wer die Impertinenz besaß, einer vergebenen Frau ein Kompliment zu machen, handelte sich schnell mal eine Ohrfeige ein. Immerhin: Der Gang zur Toilette wurde verpixelt. So viel Privatsphäre musste auch in einem Computerspiel sein. Und dann hockten wir ganze Abende und Nächte im Pyjama vor dem PC, richteten die Häuser mit Stehlampen und Aquarien an, gossen Zimmerpflanzen, aßen Kuchen auf Schwingstühlen – und simulierten das spießige Leben, das unsere Eltern in den 80er und 90er Jahren führten. Wir konnten den Werbeslogan «Einrichten mit Inhofer ist in» im Radio nicht mehr hören, und der Gang ins Möbelhaus mit seinen langweiligen Spielecken, wo die kleinen Alexanders schon nach ein paar Minuten wieder abgeholt werden wollten, lag auf einer Erträglichkeitsskala zwischen Spinat und Mathehausaufgaben. Aber irgendwie fanden wir Gefallen daran, unser kunterbuntes digitales Zuhause zu zimmern, Empire-Möbel mit aufblasbaren Sesseln zu kombinieren und unsere eigene Welt zu bauen. Wenn ich groß bin, will ich auch mal Spießer werden!

Die Spielreihe verkaufte sich nach Angaben des Herstellers über 175 Millionen Mal.[17] Der personalisierte Sim wurde zum Alter Ego, einer Figur mit eigener Geschichte, mit der man sich noch viel mehr identifizierte als mit einer Puppe. Nicht wenige Generationsgenossen haben ihre ersten Flirterfahrungen bei den «Sims» gemacht. In der Virtualität konnten wir schon mal üben. Dass Flirten in der Realität nicht auf Knopfdruck funktioniert, mussten wir noch lernen. Aber die Sims gaben uns eine leise Vorahnung davon, dass das Leben durchgeplant und ständig optimiert werden muss. Und vielleicht hängt dieser Planbarkeits- und Optimierungszwang ja auch damit zusammen, dass das Computerspiel die Erwartung weckte, den perfekten Partner, das perfekte Haus oder den perfekten Lebensentwurf wie einen Neuwagen im Autohaus konfigurieren zu können. So gesehen waren die Sims eine wichtige Lektion in Sachen Lebenswissenschaft. Oder doch eine Desillusionierungsmaschine? Zwischen «Big Brother» und den Sims gab es eine innere Verbindung: Die Simulation der Realität, das mehr oder weniger programmierte Skript, die Vergeblichkeit des eigenen Handelns – das waren Eigenschaften beider Formate.

«Big Brother» war das Fanal des anbrechenden Jahrtausends: die Überwachung, das permanente *on the record*, die Auflösung und Rekonstruktion der Privatverhältnisse zu Vermarktungszwecken, die neue Telerealität, die (selbst gewählte) Quarantäne – das waren die Bausteine der entstehenden Netzgesellschaft. Im Grunde war «Big Brother» eine Art Social Media im Fernsehen, ein Internet ohne Internet: Die Teilnehmer sendeten private Momente in die Welt und warteten in ihrer Filterblase auf Reaktionen. Der TV-Knast war ein Trainingscamp für das Kommende. Ein Rendezvous mit dem Zeitgeist. Dass die erbosten Länder-Medienanstalten dem Sender RTL2 eine «kamerafreie Stunde» abtrotzten[18], wirkt aus heutiger Sicht wie ein Treppenwitz der Geschichte – und zeigt die Absurdität der Debatte: Als würde man durch ein einstündiges *off the record* den Charakter des Formats ändern. Daran, wie offensiv RTL2 in die Verhandlung gehen konnte, war auch der Kulturwandel abzumessen, vielleicht auch ein Wandel der Öffentlichkeit, der sich mit dem Aufstieg des Privatfernsehens und dem aufkommenden Internet vollzogen hat. Wer und was auf Sendung ging, bestimmte immer weniger der Staat.

Die Real-Life-Soap verschob die Grenzen der Fernsehunterhaltung: Jeder redete, wie ihm der Schnabel gewachsen war. Christian, der selbsternannte «Nominator» aus der zweiten Staffel, dessen Selbst- und Sendungsbewusstsein sich in Dimensionen eines Donald Trump bewegte und der sich auch sonst wie der Immobilienmogul gebärdete (er gab seinen Mitinsassen Namen wie «Küken», «Barbie» und «African Dream»), ekelte sich mit dem Song «Es ist geil ein Arschloch zu sein» durchs Fernsehen: «Wenn du ein Schwein bist/Gehört dir alles allein». Das waren in jeglicher Hinsicht neue Töne, die derart mit der Herzschmerz-Lyrik eines Matthias Reim oder Howard Carpendale brachen, dass den Schwiegermüttern die Gesichtszüge entglitten. Der Song, der sich 750 000 Mal verkaufte und zum Nummer-1-Hit in Deutschland wurde, ist eine Hymne auf den Egoismus der folgenden zwei Jahrzehnte. Ozonloch, Rentenloch, Arschloch – so ließe sich der gesellschaftliche Entwicklungsschub auf eine Formel bringen. Glaubt man dem Internetpionier Jaron Lanier,

dann ist die Arschwerdung ein konstitutives Merkmal sozia-
ler Netzwerke (später mehr).[19]

RTL2 war eine Starproduktionsmaschine. Nach dem er-
folgreichen Start von «Big Brother» suchte der Sender für
seine Casting-Show «Popstars» Mitglieder für eine Girlband
nach dem Vorbild der Spice Girls. 4500 junge Mädchen hatten sich beworben, am Ende blieben fünf übrig: Nadja,
Lucy, Sandy, Vanessa und Jessica. Sie formten die Band No
Angels und klebten bald in Posterform in unseren Zimmern.
Wir hatten alle einen Ohrwurm von «Daylight In Your Eyes».
Solche Retortenbands hatte es in der Pop- und Rockgeschichte
immer gegeben (etwa The Monkees). Neu aber war, dass
der Auswahlprozess vor Kameras stattfand. Mit den Casting-
Shows setzte ein Prozess ein, für den der Soziologe Andreas
Reckwitz später den Begriff der «Singularisierung» prägen
sollte. Das spätmoderne Subjekt muss ständig vor einem Publikum performen, sei es vor einer Prüfungskommission,
einer Personalabteilung, der Twitter-Community, den WG-
Bewohnern oder eben der Jury einer Casting-Show.[20] Es
reicht nicht mehr, nur gut auszusehen und gut zu singen. Es
braucht das Besondere, das «gewisse Etwas», das einen von
der Masse abhebt und sich kameratechnisch vermarkten
lässt. Singularität eben. «Popstar» war eine Chiffre für das
kommende Jahrzehnt: Das Leben wurde zur Casting-Show.
Man war plötzlich der Regisseur und Drehbuchautor seiner
eigenen Ich-AG.

Zu den Insignien dieses neuen Managerdaseins avancierte
das Handy. Eigentlich liefen zunächst nur Werbefuzzis, Fi-
nanzheinis oder andere Wichtigtuer mit einem solchen Teil
herum. Doch spätestens mit dem Aldi-PC und Motorolas

«Volkshandy» wurde die Technik demokratisiert und massenkompatibel. Die Generation Manta trug ihr Handy anfangs gerne am Halfter, an einem an der Hose befestigen Gürtelclip aus Kunstleder, um ihr bestes Stück gut sichtbar für die Öffentlichkeit zu präsentieren. Wir fanden das genauso peinlich wie die Lenkradhüllen aus Lammleder oder die Brusttaschen, aus denen die Mitglieder des Kegelclubs im Ferienbomber nach Mallorca das Kleingeld für den Piccolo herauskramten. Unter dem Erlaubnisvorbehalt des Notfalls bekamen auch wir um die Jahrtausendwende unser eigenes Handy: ein Ericsson T36 oder Nokia 3210 mit dem legendären Spieleklassiker «Snake». Die gefräßige Schlange musste mit den Tasten durch einen rechtwinkligen Parcours gelenkt werden. Mit jedem Happen, den die Schlange aufnahm, wurde der Körper länger und war folglich schwerer zu navigieren. Erste Versionen waren unter dem Titel «Worm» schon auf dem TRS-80 vertrieben worden (mit genauso dürftiger Grafik), doch mit den Nokia-Handys erlangte das Spiel endgültig Kultcharakter.

Das Nokia 3210, das 1999 mit einem Einführungspreis von 199 DM auf den Markt kam, war das erste kommerziell erfolgreiche Handy. Über 160 Millionen Geräte wurden weltweit verkauft.[21] Der finnische Hersteller hatte 1996 mit dem Nokia Communicator das erste Smartphone auf den Markt gebracht: ein Aufklapp-Handy mit Tastatur, das unter anderem Faxe empfangen konnte. Der «handy home computer», den der Intel-Mitgründer Gordon Moore 1965 in einem Aufsatz skizziert hatte, rückte damit in greifbare Nähe. Doch «das Büro in der Westentasche», als das Nokia es vermarktete, floppte.[22] Die vermeintlich weniger komplexe Hardware wurde dagegen zum Welthit. Im Gegensatz zum iPhone konnte man das Nokia-Gerät noch auseinanderbauen und in einzelne Teile zerlegen. So ließ sich beispielsweise eine Oberschale mit Alien-Motiv aufschrauben und das Gadget personalisieren.

Die meisten Handys hatten noch ein Schwarz-Weiß-Display, und außer Telefonie und SMS verfügten die Geräte kaum über Funktionen. Doch als Teenager kam man sich ganz schön wichtig vor, mit so einem Teil in der Schule aufzukreuzen. Das Handy war ein Statement wie Baggy Jeans oder Bauchnabelpiercing. Nur: So lässig wie Will Smith im Musikvideo zu «Miami» konnte niemand das Handy am Ohr halten.

Seit 1992 war Deutschland in die digitalen Mobilfunknetze D1 (Deutsche Bundespost) und D2 (Mannesmann Mobilfunk) aufgeteilt, und so mancher bezog aus der Netzzugehörigkeit auch ein eigenes Sendungsbewusstsein. Das Mobilfunknetz markierte eine Klassenzugehörigkeit. D1 war erste Klasse, D2 zweite Klasse. Die Frage D1 oder D2 war fast wichtiger als die Wahl zwischen Fila oder Helly Hansen. Wer in der D-Jugend Fußball spielte, wollte natürlich nicht nur in der D1 spielen, sondern auch mit D1 telefonieren. Aber wenn wir schon beim Fußball sind: Es gab auch noch ePlus, von dem uns der «Kaiser» Franz Beckenbauer («Ist denn heut' scho' Weihnachten?») in der Werbung versprach, dass die Grundgebühr auch schon drin sei. Wie praktisch! Die meisten hatten aber keinen Handyvertrag, sondern nur eine Prepaidkarte mit einem Gesprächsguthaben. Die Tarife waren noch immer teuer (149 Pfennig pro Minute in der «Hauptzeit»), und wir wollten auch nicht bis Weihnachten warten.

Daher verlegten wir uns auf den Versand von SMS. Die waren mit 39 Pfennig aus heutiger Sicht auch nicht gerade billig, aber immerhin günstiger als ein einminütiges Telefonat. Auf der Webseite www.smsprotest.de formierte sich ein Protest «gegen die zu hohen Kosten für den Versand von Kurzmitteilungen (SMS) in den deutschen Mobilfunknetzen». Geiz war schon geil, bevor sich Saturn den Spruch auf die Fahnen schrieb. Also simste sich unsere mitteilungsfreudige Generation die Daumen wund.

«Hey wo steckst du? Wir warten»

«Hi bin noch in der Bahn. Bis gleich.»

«Ok»

So ging das hin und her. Der Telegrammstil war charakteristisch für die SMS-Sprache. Das Limit von 160 Zeichen zwang zur Prägnanz. Da es noch keine virtuelle Tastatur auf dem Handydisplay gab, musste der Nutzer zum Teil mehrmals in die Tasten greifen, um den richtigen Buchstaben zu tippen. Für das F etwa musste man auf der Zifferntastatur dreimal auf die Taste 3 drücken. Man kam sich ein wenig vor wie in der Spielshow «Glücksrad» auf Sat1 mit Peter Bond. Ein D für «Dame», bitte. Die «information at your fingertips», die Bill Gates auf der Computermesse Comdex 1994 in Las Vegas mit großsprecherischer Geste verkündet hatte, wirkte nun wie ein schlechter Witz. SMS schreiben war echte Handarbeit.

In einer Zeit, in der man noch nicht über Displays wischte, virtuelle Tastaturen schrubbte und Profile aufpolierte, bestand das innere Reinlichkeitsritual darin, seinen SMS-Speicher zu löschen, um wieder für Neues empfänglich zu werden. Das Nokia 3310 konnte je nach SIM-Karte lediglich zehn bis fünfzehn SMS im Ein- und Ausgang speichern. Aber das Saubermachen hatte unsere Generation bereits mit dem Tamagotchi gelernt.

Obwohl Kommunikation noch nicht so niedrigschwellig wie bei WhatsApp war, wurden zu vorgerückter Stunde Kurznachrichten rausgehauen, nach deren Versand man sich am nächsten Morgen dachte: «Hätte ich es bloß gelassen!» Doch zu früh auf Senden gedrückt, war die Nachricht im globalen elektronischen Dorf. Und jeder konnte mitlesen. Die burleske Rubrik «SMS von letzter Nacht», die ganze Bücher füllt, liefert davon Zeugnis. Dort finden sich so Perlen wie: «Ist meine Hose noch bei Euch?» Oder: «Ich bin da, aber die Haustür nicht.»[23]

Im Jahr 2000 wurden 14 Milliarden Kurzmitteilungen verschickt.[24] Die SMS war ein soziales Schmiermittel – sie machte, um mit dem Systemtheoretiker Niklas Luhmann zu sprechen, Kommunikation wahrscheinlicher. Wer sich nicht traute, ein Mädel oder einen Typen anzurufen oder anzusprechen, konnte erstmal eine SMS schreiben. Das Handy war eine Kontaktanbahnungsmaschine mit Teilkaskoversicherung – wobei es für den Unterricht schon wieder etwas zu viel Multimedia war. Zuvor musste man seine Botschaft auf einen Fresszettel kritzeln und in den Clip eines Kugelschreibers klemmen, der dann hinter dem Rücken des Lehrers die Runde machte. Quasi das Instant-Messaging des Analogen, nur leider unverschlüsselt. Prompt griff unsere Erdkundelehrerin Frau K., deren Sorgenfalten sich mit jedem Jahr immer tiefer ins Gesicht gruben, die unverschlüsselte Kommunikation ab und las den Inhalt vor versammelter Mannschaft vor. «Briefe werden natürlich immer vorgelesen», quäkte die Lehrerin mit ihrer nasalen, schwäbelnden Stimme. An den Inhalt kann ich mich nicht mehr erinnern. Ich weiß nur noch, dass meine im Brief genannte Klassenkameradin vor Scham fast im Boden versunken wäre. Zwar flogen jetzt keine zettelbewehrten Kulis mehr durch das Klassenzimmer. Aber das Risiko, dass das Handy vom Lehrer einkassiert wurde, wuchs – vor allem, wenn mitten im Unterricht aus dem East Pak-Rucksack das verräterische Biep-biep, Biep-biep ertönte. Ein ruppiger Berufsschullehrer erzählte mir mal im Urlaub, er kassiere die Geräte ein und werfe sie aus dem Fenster, nachdem er zuvor die 0190 anwählte. Ob es stimmte? Ich weiß es nicht. Aber was sollte man machen, wenn sich gerade der Schwarm meldete und man vergessen hatte, auf «lautlos» zu stellen?

Nicht nur in den Klassenzimmern, auch in Arztpraxen, ICE-Abteilen und Konzertsälen piepte und bimmelte es ohne Unterlass. Das dissonante Gepiepe brachte die Disziplinfanatiker zur Weißglut. Der Regierende Bürgermeister von Berlin, Eberhard Diepgen (CDU), sagte, Handys hätten an Schulen genauso wenig verloren wie Waffen,[25] und der knorrige 1860-Coach Werner Lorant, der Herbert Wehner des deutschen Fußballs, verordnete ein Handyverbot in Kabine und Mannschaftsbus. Begründung: «Wenn das Handy klingelt, kann man aus dem Bus aussteigen – und wir fahren weiter. Der hat ja ein Handy und kann sich ein Taxi rufen.»[26] Allein, die deutsche Leitkultur hatte in der Multikultitruppe der Profifußballer einen schweren Stand. Ich glaube, dass ich in einem Erörterungsaufsatz auch mal für ein rigoroses Handyverbot plädiert habe, weil ich in der Pubertät gerne reaktionäre Positionen einnahm und mich nur ungern dem

Populismus meiner Klassenkameraden anschließen wollte. Ablenkung, sinkende Konzentration, Gesundheitsgefahren (Handystrahlung!) – die kulturpessimistische Klaviatur war schnell bespielt. Für eine Zwei reichte das. Auch als Fußballmanager von Arminia Bielefeld, als der ich mit meinem Konfirmandenjackett vor dem PC in der Stuttgarter Spielhöhle meine Schulferien verbringen sollte, folgte ich dem Vorbild von «Werner Beinhart» (Lorant) und verhängte drakonische Strafen für unerlaubte Handynutzung in der Kabine.

Die Schülerzeitung «Wisch» an unserer Schule, die ihre Printausgabe von A5 auf A4 umgestellt hatte, war ihrer Zeit voraus und hatte sogar einen Onlineauftritt. In der Leseprobe Wisch #9 aus dem Jahr 2003 wurde über das Phänomen «Süchtig Machende Schreiberei oder: Die Schreibwut ist ausgebrochen» berichtet:

«‹Ey, mail mir mal wenn du endlich dein Handy hast!› Einen Satz dieser Art hat wahrscheinlich jeder von euch schon mal ausgesprochen oder zumindest mal zu hören bekommen. Die schriftlichen Smalltalks von Handy zu Handy erfreuen sich immer größerer Beliebtheit, ganz besonders natürlich bei Schülern. Genau genommen sind sie doch eigentlich der Grund, sich ein Handy anzuschaffen! Oder warum sonst nehmen Unmengen von Schülern das immense Risiko auf sich, von ihren Eltern kontrolliert werden zu können, indem sie sich ein Handy anschaffen? Doch nur (oder zumindest vor allem) um die kleinen Dinger verschicken zu können! Im Internet sind zwischenzeitlich schon ganze Listen von äh, na, sagen wir mal etwas niveaulosen SMS-Sprüchlein zu finden ...

Was ursprünglich mal der Informationsübermittlung dienen sollte, ist inzwischen zu einem beliebten Zeitvertreib von allen möglichen Arten von Menschen, besonders aber von Schülern geworden. Schließlich sind Schüler im Entwickeln von Methoden, die Zeit zu töten (aus berufsbedingten Gründen), unschlagbar. Und SMS-Schreiben eignet sich da ganz besonders gut, da man es im Unterricht tun kann. Im Gegensatz zum Telefonieren, das fällt dann doch den meisten Lehrern auf. Gute Schüler (allerdings müssen sie auch gut im Mailen sein) schaffen es sogar, sich trotzdem noch am Unterricht zu beteiligen, indem sie mit der linken Hand mailen und sich mit der rechten Hand melden. Allerdings müssen die Erfinder der Prepaidkarte diesen Trend schon gerochen haben, denn im Gegensatz zum Telefonieren, durch das man sich mit Prepaidhandy garantiert nicht in die Schuldenfalle stürzen kann, kann man das durch SMS-Schreiben bekanntlich sehr wohl …»

Während sich unsere Lehrerin vorne mit wellenden Folien am Tageslichtprojektor abmühte oder im Physikunterricht den Federkraftmesser inspizierte, gautschten wir Jungs lässig mit dem Stuhl auf den billigen Plätzen und zockten heimlich unter dem Tisch «Snake». Oder schickten eine SMS an ein Mädchen, deren Nummer wir auf einer Party «abgecheckt» hatten. Leider war die öffentliche Ladeinfrastruktur für mobile Elektrogeräte schon damals mangelhaft, sodass man sich in den Pausen um die wenigen Steckdosen balgte, um wieder etwas Saft zu bekommen – so wie News-Junkies, die sich später an Flughäfen um die Wifi-Spots scharten.

Zu einer beliebten Pausenbeschäftigung gehörte es, die verschiedenen polyphonen Klingeltöne von Nokia auszuprobieren: «Bee», «City bird» oder «That's it». Sie klangen so schrill und synthetisch, dass es einem in Mark und Knochen fuhr. Noch schrecklicher als das monotone Pausenklingeln. Der Klingelton war eine der wenigen Möglichkeiten, im Grau der Technik Distinktionsmerkmale zu setzen. Wer sich etwas kultivierter geben wollte, stellte sich Mozarts «40. Symphonie» oder Georges Bizets «Toreador» ein. Dabei verzog unsere damalige Musiklehrerin Frau G. unter ihrem ondulierten Haar eine derart verdrießliche Miene, dass man meinen konnte, ein Gourmet hätte gerade einen McFarmer von McDonald's verspeisen müssen. Ihre Nachfolgerin im Musikunterricht, Frau B.-J. – geschätzt 1,58 Meter groß, Nikotinpflaster am Arm, knallenge Hosenanzüge – genoss an unserer Schule Kultstatus. Es kam schon mal vor, dass Klassenarbeiten nicht zurückgegeben wurden, weil sie auf dem Kreuzfahrtschiff verlustig gegangen oder vom Maurer eingemauert worden waren (kein Witz!). Oder der Kater die Blätter verrissen hatte. Die flotte Bewegung, mit der sie mit dem Handrücken ihr fransiges Haar hinter die Schulter schlug, als wolle sie eine lästige Fliege abschütteln, hatte in ihrer Repetitivität fast schon Meme-Charakter. Diese Doyenne der klassischen Musik, die auf deutscher Bühnensprache insistierte («Könich, nicht Königg!»), bedeutete mir mit ihrer verrauchten Altstimme, dass die lateinische Wortherkunft «domina» von Dominante nichts mit Stuttgarter Altstadtbereichen zu tun habe und überhaupt, ich ein «musikalischer Analphabet» sei. Dieses Kainsmal mit mir herumtragend, versuchte ich ein musikalisches Statement zu setzen, indem ich den

Modern-Talking-Hit «Win The Race» als Klingelton für mein Nokia herunterlud.

Die wievielte Wiedervereinigung war das? Wir hatten aufgehört zu zählen. Dieter Bohlen hatte den kommerziellen Titel für die Formel 1 produziert. Wir waren alle Schumi-Fans, wobei ich gestehen muss, dass ich nie eine dieser depperten «Schumi-Gib-Gummi»-Kappen aufhatte. Frau B.-J.s raue Chansonnière-Künste am Flügel müssen mich jedenfalls so nachhaltig beeindruckt haben, dass ich mir zu Hause Edith Piafs «Sous le ciel de Paris» auf Kazaa oder eMule zog. In MP3-Qualität.

Apropos MP3. Das Dateiformat war noch nicht wirklich in der multimedialen Welt angekommen. Eines Abends, es muss um die Jahrtausendwende gewesen sein, saß «Poptitan» Bohlen bei Johannes B. Kerner in der Talkshow. Es ging um Musik und wahrscheinlich auch um Verona. Kerner stellte, den Connaisseur markierend, eine überflüssige Detailfrage. Wie denn die Daten von Zuhause ins Studio übermittelt werden, wollte er wissen: «Schickst' das per PDF?» Darauf Bohlen: «Näää. Per MP3.» Der digital native hätte am liebsten ein Lach-Meme gepostet. Oder Herrn Kerner mal Winamp gezeigt. Aber das ist eine andere Baustelle.

Anfangs schlurften wir noch mit tragbaren CD-Playern in die Schule, auf denen wir gebrannte CDs abspielten. Britney Spears, N'Sync, Destiny's Child, solche Sachen. Die Abspielgeräte, die aussahen wie fliegende Untertassen, waren um einiges moderner als der klobige CD-Player, mit dem uns eine Deutschreferendarin anhand von Grönemeyers «Männer» zaghaft mit der Gendertheorie vertraut machen wollte. Der Skip-Schutz, der dafür sorgen sollte, dass die Musikwiedergabe trotz mechanischer Erschütterungen ohne Unterbrechung funktionierte, versagte schon beim kleinsten Schlagloch. Es war nicht ganz klar, ob die kleinen Ruckler nicht doch vom Brennvorgang herrührten. Sei's drum. Joggen konnte man damit jedenfalls nicht. Aber ganz praktisch Musik teilen. Morgens vor der ersten Stunde kauerten wir schlaftrunken auf dem Linoleumboden in den fensterlosen Fluren, der eine Ohrstöpsel im eigenen linken Ohr, der andere im rechten Ohr des Freundes, wippten lässig mit dem Kopf im Takt und träumten uns zurück in unser eigenes Metaversum. Wir waren in diesem Moment in einer eigenen Welt, zu zweit einen intimen musikalischen Moment erlebend, abgespaced und losgelöst, nur mit einem halben Ohr erreichbar für die Mitmenschen. Niemand wusste, was man da hörte, wenn man nicht vor sich her summte oder das Volume-Rädchen auf Anschlag drehte – kein Klassenkamerad, kein Lehrer, kein Algorithmus. Später kamen dann die handlichen MP3-Player auf, die es erlaubten, sich seine eigene Playlist zusammenzustellen. Die Personalisierung des Musikgeschmacks machte das Mithören für andere aber irgendwie uninteressanter, und vielleicht war dies rückblickend auch der erste Schritt in die eigene Filterblase.

Aber zurück zum Handy. Das Nokia 3310 wartete seinerzeit mit einem besonderen Feature auf: WAP. Das Kürzel steht für Wireless Application Protocol, eine frühe Form des mobilen Internets. Wie beim Modem musste über eine Anwahlnummer eine Internetverbindung hergestellt werden. Unter Eingabe einer Internetadresse, zum Beispiel www.wap.google.com oder www.wap.wetteronline.de, konnte der Nutzer mobile Seiten aufrufen. 40 Pfennig kostete der Spaß

pro Minute. Es gab damals eine Reihe WAP-fähiger Geräte
wie beispielsweise den Organizer, ein Handheld, mit dem
man Notizen machen, Fahrpläne abrufen und später auch
telefonieren konnte. Bevor sich Siri und Alexa als Privat-
sekretärinnen durchsetzen sollten, griff der grauschläfrige
und lesebebrillte Manager zum Palm, auf dem er mit einem
dünnen Stift über die Termine fuhr. «13.30 Uhr, light lunch
mit Geschäftspartner.» Die New-Public-Management-Doktrin
schien sich auch bei der Polizei in Rheinland-Pfalz herumgesprochen zu haben, die 2001 ein «elektronisches Fahrten-
buch» einführte und sich damit an die Speerspitze des Fort-
schritts stellte: Zur optimalen Steuerung der Fahrzeugflotte
sollten die Streifenbeamten Daten wie Tankfüllung und Kilo-
meterstand in ein WAP-Handy eingeben, die anschließend
an einen zentralen Server übermittelt wurden.[27] Einsätze
wurden weiterhin per Polizeifunk für jedermann hörbar
durchgegeben (zeitweise funkten auch Vögel dazwischen),
aber die Tankfüllung wurde über mobiles Internet digitali-
siert. Da hätte sicher auch Ingo aus der DEA-Werbung ge-
staunt!

WAP war eigentlich für Geschäftskunden gedacht, die
unterwegs Kontoinformationen oder Depotstände ihrer Aktien abfragen wollten. Doch der Dienst entpuppte sich als
Rohrkrepierer: Die grafische Darstellung ließ zu wünschen
übrig, die Verbindung lahmte, und der Akku ging durch die
mobile Internetnutzung schnell zur Neige. Ganz zu schweigen von den vielen Fehlermeldungen. Bayern-Manager Uli
Hoeneß checkte den Kurs der BVB-Aktie, die kurioserweise
zu seinem Portfolio gehörte, lieber auf einem Pager – einem
Gerät, das über Funkruf Nachrichten empfangen konnte.

Die Batterie hielt deutlich länger als ein Handyakku. Doch spätestens mit dem Siegeszug der SMS waren diese Geräte obsolet – besser gesagt: Elektroschrott. Während die Geschäftskunden auf ihren WAP-Handys in Echtzeit mitansehen mussten, wie ihre Tech-Aktien in den Keller stürzten, wurde schon der Mobilfunkstandard der dritten Generation gehandelt: UMTS, auch bekannt als 3G.

Wir sahen jeden Abend in der «Tagesschau», wie sich die Netzbetreiber, berauscht von den Wachstumsversprechen des Neuen Markts, bei der Versteigerung der Mobilfunklizenzen immer weiter überboten. Finanzminister Hans Eichel durfte sich am Ende über 98,9 Milliarden DM freuen, die der Bund bei der Auktion erlöste. Was die Telekommunikationskonzerne mit dem mobilen Datenverkehr anfangen wollten, war allerdings noch unklar. Die Branche raunte über mobile Warenwirtschaftssysteme, den sogenannten M-Commerce, aber eine wirkliche Produktidee gab es nicht.[28]

Auch die Deutsche Post wollte in den Onlinehandel einsteigen und ihrer alten Schwester Telekom mit dem Onlineshop eVITA Konkurrenz machen. In einem TV-Werbespot ließ sich Thomas Gottschalk von seinem Bruder Christoph in einem japanischen Schnellrestaurant die Wachstumschancen des Internets erklären («Im Internet liegt die Zukunft, da sind die Neuen Märkte»). E-Business war für die Deutschen damals noch weitaus exotischer als Sushi («Iiiiiihhhh-Business»), aber dem Grüßaugust Gottschalk kaufte das Publikum nicht nur Haribo ab, sondern auch die eigene «Einkaufsmeile» der Deutschen Post. eVITA war eine redaktionell kuratierte Shopping-Plattform, eine Mischung aus Werbeblatt und Tupperparty: Neben «Frau-im-Spiegel»-haften Ratgeber-

hinweisen («Gefahrenquelle Haushalt», «Vorsicht Reisekrank-
heiten») präsentierten Mitarbeiter täglich «Preisschlager»
ausgewählter «Partnershops», zum Beispiel «ein powergewal-
tiges Blaupunkt-CD-Autoradio für 399 DM statt 599 DM».[29]
Wer sich jemals auf die Seite verirrte, fühlte sich ein wenig
an die Kontra- oder Minimal-Supermarktfilialen erinnert, wo
der Marktleiter noch persönlich Angebote durch die Lautsprecher durchgab. «Zwiebelmettwurst, schön saftig, heute
für nur 7,99 Mark das Kilo an unserer Wurst- und Fleisch-
theke.» Das war natürlich viel zu analog gedacht. eVITA
floppte genauso wie das von der Deutschen Bank entwickelte elektronische Zahlungsmittel E-Cash.

Der kurzfristige Hype über die neuen UMTS-Handys
konnte den Kursrutsch einstiger Börsenlieblinge nicht auf-
halten. Die Dotcom-Blase platzte 2000 mit einem lauten
Knall. Wertvolle Aktien wurden binnen weniger Wochen zu
Pennystocks, Privatanleger verloren große Teile ihres Ver-
mögens. Selten wurde so viel Geld an den Börsen verbrannt.
Die Kleinanleger, die den Versprechen des Fernsehonkels
Manfred Krug geglaubt hatten, fühlten sich betrogen. Die
Volksaktie wurde zum «T-saster».

Als an Heiligabend Millionen Bundesbürger SMS-Weih-
nachtsgrüße über ihr Handy verschickten, brach das gesamte Mobilfunknetz von D1 (Telekom) und D2 (Mannesmann) zusammen.[30] Tolle Bescherung! Damit die Botschaft
auch rechtzeitig ihren Adressaten erreichte, hatten einige
vorausschauende Mobilfunknutzer ihre Weihnachtsgrüße
bereits am 23. Dezember zur elektronischen Post gebracht –
so wie der britische Computertechniker Neil Papworth, der
am 3. Dezember 1992 die erste SMS von einem PC auf ein

Handy mit dem Inhalt «Merry Christmas» verschickt hatte. Ist denn heute schon Weihnachten? Nein, da halfen auch keine frommen Wünsche des Fußballkaisers. Der SMS-Versand band Kapazitäten und überlastete die Netze. Vielleicht hätte man doch lieber Yahoo-X-mas-Cards verschicken sollen?

Dem Internet wurde jedenfalls keine große Zukunft vorausgesagt. Es galt als zu teuer, zu langsam und zu gefährlich. Eine Studie zählte in den USA 28 Millionen «ehemalige Internetnutzer»[31], in der Presse wurden erste Abgesänge angestimmt. So titelte das Boulevardblatt «Daily Mail» am 5. Dezember 2000, dass das Internet nur eine «Modeerscheinung» sein könnte.[32] Aber das dachte ja auch Kaiser Wilhelm II. vom Automobil. Die Tech-Enthusiasten ließen sich von der Skepsis nicht verdrießen – sie träumten den Traum vom «evernet», einem virtuellen Raum der unbegrenzten Möglichkeiten, wo man Filme in Kinoqualität schauen konnte.

7. Von der Erotiksuchmaschine zur Online-Enzyklopädie

Im Januar 2001 arbeitete Jimmy Wales an der Seite Wikipedia. Wales, der Finanzwirtschaft studiert hatte und als Börsenhändler in Chicago mit Zinswetten und Optionsgeschäften ein Vermögen verdient hatte[1], wollte mit seiner 1996 gegründeten Internetfirma Bomis am Dotcom-Boom teilhaben. Der auf ein männliches Publikum zugeschnittene Webkatalog www.bomis.com bot neben einem Dating-Club einen Erotikkalender («Bomis Babes Report»[2]), einen Premiumzugang für Pornoinhalte («Bomis Premium») sowie eine Suchmaschine namens «The Babe Engine», auf der Nutzer nach Fotos leichtbekleideter Frauen suchen konnten.[3] Die Meinungen über die Bildersuche gingen auseinander: Wales sprach von «Glamour-Fotografie», andere hielten es für Softporno.[4] Das Portal, als dessen Postergirl ein tschechisches Pornosternchen auserkoren wurde, spülte dank der Bezahlinhalte und des florierenden Anzeigengeschäfts kräftig Geld in die Kassen, sodass sich Wales den Luxus leisten konnte, in Kultur zu machen. Für sein Enzyklopädieprojekt Nupedia, das Microsoft Encarta Konkurrenz machen sollte, heuerte er den Philosophen Larry Sanger als «Chefredakteur» an.[5] Encarta war ein Multimedia-Mix aus Atlas, Lexikon und Hörspiel. Der Nutzer konnte über eine digitale Weltkarte fahren,

Länderrätsel lösen oder das Gezwitscher exotischer Vögel an-
hören. Für die Version 99 brauchte man mindestens 45 Mega-
byte Festplattenspeicher, was für damalige Verhältnisse ex-
trem viel war.[6] Das gesammelte Wissen der Welt passte längst
nicht mehr auf CDs. Daher rührte Wales' Vision, ein Online-
Lexikon zu lancieren.

Nupedia war das genaue Gegenteil von Wikipedia: Experten (möglichst mit einem Doktortitel) sollten in ihrem Fach-
gebiet Beiträge schreiben, die – ähnlich wie bei einer Fachzeitschrift – in einem aufwendigen Peer-Review-Verfahren
geprüft wurden. Das garantierte zwar höchste Qualitätsmaß-
stäbe, doch das Online-Lexikon wuchs infolgedessen nur
sehr langsam. Ende 2001 hatte Nupedia gerade mal 25 Artikel online, 150 weitere verharrten noch in unterschiedlichen
Stufen des Begutachtungsprozesses, wie Mitgründer Larry
Sanger in einem Interview erzählte.[7] Das Prüfverfahren erwies sich als bürokratisches Monstrum. Die Autoren mussten erst ihre Lebensläufe faxen, um ihre Qualifikationen
nachzuweisen.[8] Nachdem Wales und Sanger von einem be-
freundeten Programmierer von dem Konzept der Wikis gehört hatten – ein Bauprinzip, bei dem Webseiten schnell edi-
tierbar sind –, implementierten sie das Werkzeug auf den
Nupedia-Servern. Am 15. Januar 2001 tippte Wales auf seinem Mac den ersten Wikipedia-Eintrag: «hello world».[9] Die
Zeile, mit der Programmierer für gewöhnlich ihre Software
testen, war auch ein Hallo-Wach-Ruf an die alte Welt. Anfangs noch als Experimentierplattform gedacht (auf der Webseite wurde es als «Spaßprojekt» annonciert), entwickelte
sich Wikipedia auch dank der von Bomis bereitgestellten
Serverkapazitäten rasch zu einer ernstzunehmenden Com-

munity. Im September 2001 zählte die Plattform bereits 13 000 Artikel von über 100 Autoren.[10] Mit der Quersubventionierung aus dem (Soft-)Pornogeschäft entstand ein Kulturerbe der Menschheit.

Wales versuchte später, diese Referenzen zu verbergen: Gleich mehrmals editierte der Wikipedia-Gründer seinen eigenen Eintrag.[11] So löschte er nicht nur Sätze, die seinen alten Kompagnon Sanger als Mitgründer von Wikipedia bezeichneten, sondern änderte auch einen Abschnitt über die «Bomis Babes»: Aus «Soft core-Pornografie» machte er kurzerhand «adult content section» – also Inhalte für Erwachsene. Auch die Verweise auf Pornografie entfernte Wales aus dem Wikipedia-Artikel über seine Person.[12] Doch der Versuch, die Firmengeschichte umzuschreiben, blieb nicht unentdeckt: Aufmerksame Autoren hatten die «Edits» bemerkt und die ursprüngliche Version wiederhergestellt. Das lässt sich in der Versionsgeschichte für alle transparent nachvollziehen. Auch der Hinweis, dass Wales seine eigene Biografie aufpoliert hat, fehlt in dem Wikipedia-Artikel nicht.[13] Die Online-Enzyklopädie ist, was ihre eigene Geschichte betrifft, nicht so vergesslich wie das Internet.

Was wäre die Welt nur ohne Wikipedia? Journalisten und PR-Leute schreiben davon ab, Politiker frisieren ihre Lebensläufe und schmuggeln ihre Bücher in die Literaturliste. Die Enzyklopädisten Diderot und d'Alembert hätten sich wohl keine bessere Fortsetzung ihres aufklärerischen Projekts erträumen können. Auch unsere Generation hat von dieser freien Enzyklopädie profitiert: Hausaufgaben, Schulaufsätze und Seminararbeiten schrieben sich dank Copy-and-paste wie von selbst. Warum einen staubigen Brockhaus wälzen, wenn das Wissen der Welt per Mausklick verfügbar ist? Ich bin doch nicht blöd!

Der Ruf, der Wikipedia vorauseilte, war nicht der allerbeste. Unsere Lehrer schärften uns ein, dass ein Online-Lexikon keine verlässliche Informationsquelle und nicht zitierfähig sei, weil da jeder etwas reinschreiben könne. Wissenschaftler rümpften pikiert die Nase, als wäre Wikipedia ein dubioser Import-Export-Laden, wo unter der Hand Informationen gedealt werden. Die «Süddeutsche Zeitung» stempelte Wikipedia als «Brockhaus des Halbwissens» ab[14], was wie ein Furz aus dem Feuilletonsessel roch. Darin kam der Dünkel der alten Printveteranen zum Ausdruck, die meinten, dass nur Gedrucktes Autorität besitze. Mit dieser Gutenberg-Brille wurde das Internet immer nur als eine Art Pauspapier gesehen, eine Vorstufe der finalen Publikation, die aber noch nicht druckreif war – und verkannte dabei völlig, dass das Netz mehr als nur eine billige Kopiermaschine ist, sondern eine Werkstatt des Wissens. Die Wissensproduktion war eben nur anders organisiert als in der Gutenberg-Ära: dezentral, nicht-hierarchisch, kollaborativ.

Wikipedia wollte die alten Autoritäten niederreißen. Und deshalb reagierten die Kultureliten in Schulen, Museen und Verlagen auch so allergisch auf den neuen Emporkömmling aus dem Netz. Sie waren immer der Ansicht, dass Kritik nur aus berufenem Munde vorgetragen werden dürfe. Aber war Wikipedia so viel schlechter als die vergilbten Schulbücher, in denen noch die Anrede «Fräulein» benutzt wurde?

Gegen die Dynamik der Wikipedia sahen die Printveteranen plötzlich ganz schön alt aus. Man tut der Online-Enzyklopädie daher Unrecht, sie als Fake-News-Schleuder zu denunzie-

ren. Dafür, dass Abermillionen Unterrichtstunden und Semi-
nare mit stockend vorgelesenen Wikipedia-Referaten gefüllt
wurden, schuldete der Staat der Wikimedia Foundation eigentlich einen dreistelligen Millionenbetrag. Mindestens. Dass
manche Schulen heute einen Wikipedia-Eintrag, aber kein
Klopapier haben, macht die Prioritätensetzung der deutschen Bildungspolitik endgültig klar. Digital first, Hygiene
second.

Auf dem Stundenplan stand auch Informatik, das unter
dem sperrigen Begriff «Informationstechnische Grundbil-
dung» (ITG) als freiwillige AG angeboten wurde. Informatik
war freilich staubtrockene Nerdmaterie, und so kam es, dass
sich für den Kurs inklusive meiner Wenigkeit drei Leute
anmeldeten. Dass wir uns regelmäßig dort einfanden, hatte
allerdings weniger mit Interesse an dem Fach als vielmehr
mit dem Kalkül zu tun, die Mathenote zu verbessern, denn
der AG-Leiter war gleichsam unser Mathelehrer. B. war ein
gescheiter, großer Mann mit bayerischem Dialekt, der Men-
tholzigaretten rauchte und in seiner karierten Hemdtasche
einen CDU-Kugelschreiber spazieren trug. Auf die Frage, ob
dies gegen das Neutralitätsgebot an Schulen verstoße, ant-
wortete er trocken: «Das muss ja nicht heißen, dass ich die
wähle.» Lektion Logik, check. Einmal zündete er sich im
Physikunterricht eine Zigarette an und leuchtete mit der
Taschenlampe in den Rauch, um der verdutzten Klasse das
Phänomen der Streuung zu demonstrieren. «Dös is mia mei
liebste Stund», kommentierte er sein Experiment und und
grinste schelmisch. Unter seiner Anleitung programmierten
wir mit Delphi basale Anwendungen – zum Beispiel eine
Benutzeroberfläche, die durch Anklicken von Buttons die

Hintergrundfarbe änderte. Ich kann mich nicht mehr an den Quellcode erinnern, aber mein erstes (und letztes) Werkstück in der Programmiersprache Object Pascal – läppische 200 Kilobytes groß – habe ich heute noch als Souvenir auf dem Rechner gespeichert.

Die Messlatte war ohnehin niedrig. TV-Lästermaul Harald Schmidt sagte: «Ich habe schon einiges gelernt, ich weiß jetzt: Gigabyte sind nicht die Nachfolger von Mega Perls.» Und Bundesinnenminister Otto Schily galt schon als Computerfreak, weil er einen PC in seinem Büro stehen hatte.[15] Wow! Wäre das der Maßstab gewesen, wären wir alle Supergenies gewesen. Doch selbst um unsere Informatikkenntnisse war es schlecht bestellt. Die Bundesregierung wollte daher mit Greencards hochqualifizierte IT-Spezialisten aus dem Ausland anwerben. «Internetkanzler» Schröder, dessen anfangs noch recht unbelastete «Versionsgeschichte» auf Wikipedia 2002 beginnen sollte, sprach auf der Expo 2000 in dem ihm eigenen Managerduktus vom «Windfallprofit» eines Einwanderungsprogramms und betonte die Wichtigkeit der Vernetzung: «Wir wollen, dass die Beherrschung des Internet Teil der Allgemeinbildung wird.»[16] Den Diskursfaden seines Vorgängers Kohl aufgreifend (Datenautobahnen!), kündigte er an, jedem Arbeitslosen einen kostenlosen «Internetführerschein» anzubieten, um die «erforderlichen» Grundkenntnisse anzubieten. Dabei hätte Schröder erstmal bei seinem Kabinett anfangen sollen: Die SPD-Justizministerium Brigitte Zypries jedenfalls offenbarte eklatante Bildungslücken. Als Kinderreporter im ARD «Morgenmagazin» sie fragten, welche Browser es denn gebe, stammelte sie entgeistert ins Mikro: «Browser. Was sind'n jetzt nochmal Browser?» Auch

Verteidigungsminister Peter Struck wusste es nicht. Und der Grünenpolitiker Christian Ströbele, der «leider» einen Computer besaß, erklärte wortreich das Prinzip einer Suchmaschine: «Ich weiß nur, dass es Leute gibt, die da so 'n Programm entwickelt haben, womit man mit einzelnen Fundwörtern dann was finden kann.»[17] Aha.

Nachhilfebedarf, wohin man schaute. Der saarländische Ministerpräsident Peter Müller (CDU) wollte sich die Sache nicht länger mit ansehen und schickte sein Kabinett erstmal in einen Computer-Crashkurs. «Klick auf statt Glück auf», lautete die Devise.[18] Der IT-Standort Deutschland gab ein jämmerliches Bild ab. Die viel diskutierte Green Card wurde denn auch kaum nachgefragt – was vielleicht auch daran gelegen haben mag, dass die «Computer-Inder» exotisiert wurden, als wären sie eine Attraktion aus dem Tierpark.[19] Dass man mit so einem rassistischen Unterton nicht gegruschelt wird, hätte einem eigentlich klar sein müssen. Schon mal was von «Auto-Deutschen» oder «Mode-Italienern» gehört? Eben. Ironischerweise musste sich der damalige nordrhein-westfälische CDU-Spitzenkandidat Jürgen Rüttgers für seine Kampagne «Inder statt Kinder» von einem Inder helfen lassen, der die Software für die Postkartenaktion (jawohl, Postkarten!) entwickelte.[20] Ob der Mann, dessen Identität der damalige SPD-Fraktionschef und spätere Südasienexperte Peter Struck («Deutschland wird auch am Hindukusch verteidigt!») ermittelt hatte, eine Green Card besaß, ist nicht überliefert. Der «Computer-Inder» hatte noch ein paar Auftritte im «Tatort» und in der «Harald Schmidt Show» (als Mr. Sing, der Internetadressen aufsagte), dann verschwand er von der Bildfläche. Also doch Kinder statt Inder.

Damit Deutschlands «Computer-Kinder» nicht ganz blöde wurden, hatte Bundeskanzler Gerhard Schröder eine Bildungsoffensive angekündigt: Bis Ende 2001 sollten alle 40 000 Schulen im Land ans Internet angeschlossen und mit PCs versorgt werden.[21] Telekom-Chef Ron Sommer lieferte, und so «gingen» auch Deutschlands Schulen «T-Online».

Dank der Digitalisierungsoffensive war unser Computerraum schon früh gut ausgestattet: neue Tastaturen und Monitore, schnelle Rechner, und ganz wichtig, eine Internetverbindung. Trotzdem fühlte sich kaum eine Lehrkraft berufen, den Schülern Surfstunden zu geben. So kam es, dass der Raum die meiste Zeit leer stand. Erfreulicherweise bot das Sekretariat wissbegierigen Schülern die Möglichkeit, den Raum stundenweise zu «buchen». Man klopfte freundlich, trug sich in eine Liste ein und bekam von der Sekretärin den Schlüssel ausgehändigt. Ohne Auflagen, ohne Aufsicht. Wir hatten einen Freifahrtschein. Dienstags, sechste Stunde, gehörte der Computerraum uns. Wir schalteten die Rechner ein, zogen die schweren Vorhänge zu und schlossen die braune Pressspantüre von innen ab. Doppelt, sicher ist sicher. Während die Rechner hochfuhren, was schon mal eineinhalb Minuten dauern konnte, stellten wir erstmal die Cola auf die Tische. Wir hätten auch ein Internetcafé eröffnen können, über den Namen dachten wir schon nach, aber so dreist, im Sekretariat noch nach Geschirr und Tassen zu fragen, waren wir dann doch nicht. Der Computerraum, Zimmer 116 oder 106 im ersten Stock, so genau weiß ich das nicht mehr, war ein Raum der Freiheit, quasi das Westberlin der Schule, der Intershop in der technologisch rückständigen Zone. Ein Surferparadies. Die perfekte Welle.

Es begann harmlos: Zuerst spielten wir online ein paar Runden «Wer wird Millionär?» – im «Trainingslager», wie es hieß. Die Quizshow, die im September 1999 mit dem Fernsehonkel Günther Jauch auf RTL debütierte, ließ sich auch im Netz nachspielen. Dass das ganze Leben ein Quiz war, wusste schon Hape Kerkeling, aber mit Jauch setzte ein Boom von Ratesendungen ein.

Als das Rumgequizze zu langweilig wurde, bestellten wir bei irgendeiner staatlichen Präventionsstelle kostenlose Spiele-CDs. Das Gruppensurfen folgte einer Steigerungs- und Eskalationslogik, nach dem Motto: «Schau mal, was ich hier gefunden habe!» Und so kam es, wie es kommen musste: Während der Schulzeit surften an einem Stuttgarter Gymnasium mehrere Jugendliche auf Sexseiten. Der ganze Schmuddelkram, der selbst in Erotikshops verschämt hinter Vorhängen versteckt wurde, war im Internet frei zugänglich. Selten waren Exkursionen so spannend. Wir waren die erste Generation, die nicht in Beate-Uhse-Läden oder von Dr. Sommer, sondern im Internet aufgeklärt wurde.

Frage an das Rektorat: Womit verhindert man den Besuch pornographischer Webseiten?

a) Filterkaffee
b) Filterblasen
c) Filtersoftware
d) Luftfilter

Okay, zwischen b) und c) könnten die Sophisten unter den Techies schwanken, aber erstens gab es im digitalen Raum noch keine Filterblasen, und zweitens lautet die richtige Antwort natürlich c) Filtersoftware. Die war vermutlich auch installiert, aber anscheinend so lückenhaft, dass wir sie umgehen konnten. Dass es nicht unbedingt die beste pädagogische Idee ist, eine Horde vorpubertierender Jungs unbeaufsichtigt ins Internet gehen zu lassen, hätte man aber auch ohne Telefon- oder Publikumsjoker erraten können.

Nach dem Pornokonsum fuhren wir die Rechner herunter und gaben den Schlüssel ordnungsgemäß ein Stockwerk tiefer im Sekretariat ab. Wir taten das, weil wir «ein absolut reines Gewissen» hatten. Anders als bei Christoph Daum schöpfte bei uns auch niemand Verdacht. Die Lehrer protokollierten minutiös im Tagebuch, wenn ein Schüler morgens fünf Minuten zu spät in den Unterricht kam. Aber auf die Idee, den Browserverlauf zu kontrollieren (den wir nicht gelöscht hatten), kam niemand. Doch eines Tages, es muss ein Dienstag im Februar 2001 gewesen sein, lief das Forschungspraktikum aus dem Ruder: Jemand hatte eine Sound-Datei heruntergeladen, und das Gestöhne aus den Lautsprecherboxen ließ sich nicht mehr abschalten. Ein Virus? Panik im Maschinenraum. Plötzlich klopfte es an der Tür, einmal, zweimal, immer lauter, die Türe öffnete sich nicht, weil sie abgeschlossen war. Dann wieder: energisches Klopfen. Toktok-tok-tok. Im Staccato. Und eine Stimme, die sich fast überschlug. «Blue Movie? Was ist Blue Movie?» Renate L., die Schulleiterin, stand vor der Tür. Ihr Büro war genau ein Stockwerk tiefer. Vermutlich wurde sie durch das Gejohle aufgeschreckt.

L., die mit ihren altbackenen Blumenkleidern die Strenge einer britischen Oberlehrerin verkörperte, war eine Autoritätsperson. Vor ihr zitterte die Schule. Reuig und zerknirscht öffneten wir die Türe und gestanden unseren Fehltritt ein – wissend, dass jede Ausrede umsonst sein würde. Es brauchte keine Erklärung, dass Blue Movie das Erotikangebot des Pay-TV-Senders Premiere war. Man verstand es auch so. Wie sagte schon der Supreme-Court-Richter Potter Stewart zur Definition von Pornographie: «I know it when I see it.» Ich erkenne es, wenn ich es sehe. Beziehungsweise höre. Sind wir nicht alle ein bisschen porno?

Zu unserer Verteidigung hätten wir argumentieren können, dass wir den Sexualkundeunterricht vertiefen wollten. Aber so dreist waren wir dann doch nicht… Wobei: Tim Berners-Lee hatte die Idee zum World Wide Web, als ihm als Neunjähriger eine Ausgabe des «Playboy» in die Hände fiel und er zwischen viel nackter Haut die Kurzgeschichte «Dial F for Frankenstein» von Arthur C. Clarke las.[22] Ohne Erotik gäbe es womöglich kein Internet und auch kein Wikipedia.

Trotzdem zitterten wir tagelang aus Angst vor Sanktionen. Welche Strafe würde uns wohl drohen? Nachsitzen? Eintrag? Schulausschluss? Was aber hätte man ins Klassenbuch schreiben sollen? «Schüler schauen im Computerraum unbeaufsichtigt Pornos»? Für die Schulleitung war der Vorfall fast noch peinlicher als für uns. Wenn das Oberschulamt, die damals zuständige Aufsichtsbehörde, von der Sache Wind bekommen hätte, wäre es möglicherweise zu Disziplinarmaßnahmen gekommen. Also hatten beide Seiten ein Interesse daran, den Vorfall klein zu kochen. Wir bekamen dann auch keine Strafe. In der Folge führte das Rektorat lediglich einen «Internetführerschein» ein, den fortan jeder Schüler machen musste, der auf der Datenautobahn allein unterwegs sein wollte: eine Prüfung in Sachen Medienkompetenz, die es mit einem kleinen theoretischen und praktischen Teil im Computerraum zu absolvieren galt. Altkanzler Kohl hätte ap-

plaudiert. Eigentlich hätte man uns nach der «Navigations-
panne» für fahruntauglich erklären müssen, aber der digitale
Idiotentest stellte uns vor keine größeren Probleme. Wir
surften fortan mit Schullizenz im Netz, unter Kuratel der
strengen Schulleiterin, die höchstpersönlich Kontrollgänge
durchführte. Irgendwann wurde Frau L. – zur Erleichte-
rung der Eltern und Kollegen – ins Kultusministerium ver-
setzt, wo sie, nach allem, was man weiß, ihre Bemühungen
einer schulischen Internetregulierung nicht weiterverfolgen
konnte.

Dabei hätte unsere Schule nicht nur dringend einen kom-
petenten Webmaster gebraucht, sondern auch eine funktio-
nierende Cyberabwehr. Eines Tages hackte ein dem Autor
dieser Zeilen bekanntes Duo den Kalender der Schulhome-
page. Plötzlich standen nebst Klassenfahrten und Schulland-
heimen Termine wie «Fahrstunde mit Herrn L.s aufgemotz-
tem Dreier» und «Massenkifferei mit Herrn H.» auf der
Webseite. Es wurde auch noch ein Bootcamp für Mädchen
im Curriculum angeboten, dessen Übungsleiter das Siebgedächtnis des Internet Archive leider vergessen hat. Die Atta-
cke zielte auf niemand geringeres als die Schulleitung, denn
Herr L. fuhr nicht nur 3er BMW, sondern war gleichsam der
Konrektor, und wir begegneten ihm mit seinem Möllemann-
Schnauzer auf den Schulfluren mit einigermaßen Respekt.

Der Witz an der Sache war, dass der Hack erstmal nicht
aufflog. Während sich die halbe Schülerschaft über den Laus-
bubenstreich ins Fäustchen lachte, wusste die Schulleitung
von nichts. Ein peinlicher Vorgang. Erst ein paar Tage später
wurden die Einträge diskret aus dem Netz entfernt. Ohne
Disclaimer, dass an der Stelle Fake News verbreitet worden

seien. Wie in der Causa «Blue Movie» wollte die Schulleitung die Sache unter Verschluss halten.

Zugegeben: Es war auch kein richtiger Hack in dem Sinne, dass die Zugangsdaten und Passwörter gestohlen wurden. Das Bearbeitungsprogramm muss an irgendeinem Rechner geöffnet gewesen. Und das verstanden die Schüler als Einladung für eine – was soll man sagen? – kreative Terminführung. Wie dem auch sei: Das Thema Datensicherheit wurde eher stiefmütterlich behandelt. Die Abituraufgaben lagerten in einem Safe, aber die Webseite war offen wie ein Scheunentor. Vielleicht hätte das Lehrerkollegium mal besser das Strategiepapier der CDU («Chancen@Deutschland») studieren sollen. Dort stand der monumentale Satz: «Digitaler Analphabetismus muss verhindert werden.»[23] Die Christdemokraten hatten damals eigens einen «Internetsprecher» eingesetzt, der mit der Ausarbeitung eines «Internetentwicklungsprogamms» betraut wurde.[24] Die Alphabetisierungsrate machte allerdings nur begrenzte Fortschritte, und das Thema Cybersicherheit rangierte trotz hoher Inzidenzen von Computerviren (Code Red!) in der allgemeinen Bedrohungslage von Milzbrand und Gotteskriegern eher an hinterer Stelle.

Der 11. September 2001 war ein Dienstag. Das weiß ich noch genau, weil ich am späten Dienstagnachmittag immer Fußballtraining hatte. D-Jugend, SV Fellbach, Hartplatz (der Rasen wurde für die Heimspiele der ersten Mannschaft in der Verbandsliga geschont). Hier wurde Fußball gearbeitet, wie man so schön sagt. Die Profession des Laptoptrainers war noch nicht erfunden, die A-Jugend trainierte interimistisch der weizenbierselige Kneipenwirt des Vereinsheims, und die einzige taktische Anweisung des Trainers lautete: «Macht keinen Haufen!» Was nichts half, weil uns die anderen Mannschaften abschossen wie die Moorhühner. Nachdem ich nach dem Training mit der Bürste meine Stollenschuhe von Hartplatzresten befreite, herrschte unter meinen Mitspielern helle Aufregung. Worte wie «Palästina» und «Israel» hallten durch die schweißgesättigte Kabine, einer schwadronierte gar vom «Dritten Weltkrieg». Ahnungslos stieg ich ins Auto meines Vaters. Allmählich dämmerte mir, dass zwischen dem, was in der Kabine und im Radio gesagt wurde, ein Zusammenhang zu bestehen schien. Mein Vater bedeutete mir, dass etwas Schlimmes in Amerika passiert sei. Eine diffuse Angst stieg in mir auf. Zu Hause angekommen, sah ich die Bilder im Fernsehen: die brennenden Türme, die wie ein Kartenhaus in sich zusammenkrachten. Die Aschewolke über Manhattan. Die Verzweiflung der Menschen, die sich in die Tiefe stürzten. Immer und immer wieder, in Endlosschleife. Auf allen Kanälen dieselben Bilder. So mancher Generationsgenosse war ziemlich «abgefuckt», weil die neue Folge von «Dragonball Z» am Abend nicht ausgestrahlt wurde. Sogar MTV stoppte sein Unterhaltungsprogramm. Wir hingen an den Lippen von RTL-Anchorman Peter Kloeppel, der mit ernster Miene und sonorer Stimme versuchte, die sich überschlagenden Ereignisse zu ordnen. Schnell wurde klar: Das war kein Unfall, das war ein Terroranschlag! Moderator Wolf von Lojewski eröffnete das ZDF-heute-journal mit einem markigen Satz, der sich in mein Gedächtnis eingebrannt hat: «Jemand hat Amerika den Krieg erklärt, aber wir wissen noch nicht, wer.»[25]

Die ganze Welt schaute zu, wie zwei von Terroristen gekaperte Linienflugzeuge in das World Trade Center rauschten: zuerst in den Nordturm, dann in den Südturm. CNN war live auf Sendung. Es gab noch keine Handyvideos, sondern nur ein paar verwackelte Aufnahmen von Amateurfilmern. Zwar waren schon Mobilfunktelefone mit integrierter Kamera auf dem Markt. Die Toshiba Camesse kam 1999 heraus, und in Japan wurden bereits die ersten Selbstporträts (das Wort Selfies kannte man noch nicht) gemacht – mit dem Sharp J-SH04.[26] Doch die Geräte waren kaum verbreitet. Zudem war die Auflösung der Handykamera mit 0,11 Megapixel so lausig, dass man die Videos kaum hätte im Fernsehen zeigen können. Also war die Welt auf die Live-Bilder des amerikanischen Nachrichtensenders angewiesen. Und dieser Macht der Bilder waren sich auch die Terroristen bewusst: Sie inszenierten den Anschlag als mediales Ereignis, als Blockbuster-Event, das sich auf perfide Weise der Ästhetik und Erzähltechnik des Hollywood-Kinos bediente. Der Realismus, die Komposition der Ereignisketten, der spektakuläre Bilderrausch – das war dem Beobachter von der Leinwand bekannt. Die Islamisten führten Regie eines realen Katastrophenfilms, sie hatten die totale Kontrolle über die visuelle Sprache, die Emotionen. Manche Leute, die an diesem Abend den Fernseher einschalteten, hielten die dramatischen Bilder für Filmausschnitte. Als hätte jemand im Studio Spezialeffekte beigemischt. Es war so unwirklich und gleichsam so real. Der Philosoph Jean Baudrillard prägte dafür den Begriff der «Hyperrealität» – eine Simulation, für die es kein Original mehr gibt.

Zwei Tage vor den Anschlägen, am 9. September 2001, debütierte im deutschen Fernsehen ein 27-sekündiger TV-Werbespot für die Telefonauskunft von Telegate, 11 880. Diesmal nicht mit Verona, die jetzt Pooth hieß und in Hollywood Karriere machte (oder es zumindest versuchte). Ein junges Paar sitzt in einem Straßencafé vor einer Skyline, der Kellner serviert Getränke, plötzlich wackelt der Tisch, die Gläser klirren, Turbinen heulen auf. Ein Flugzeug rast in einen Wolkenkratzer und zerfetzt auf der anderen Seite ein Werbeplakat der 11 880. Scheiben bersten, Trümmerteile fliegen durch die Luft, Menschen schreien. «Wir wollten einen richtigen Knalleffekt», erzählte Telegate-Chef Klaus Harisch einmal der «Süddeutschen Zeitung».[27] Als sich diese Bilder zwei Tage später auf gruselige Art und Weise wiederholten – noch dazu mit der fast identischen Kameraeinstellung –, herrschte bei Telegate blankes Entsetzen. Die Pressechefin stürmte ins Chefzimmer und rief: «Es ist nicht zu fassen. Macht mal den Fernseher an. In New York versucht jemand, unseren Spot zu imitieren.»[28] Das, was die kreidebleichen Werbemacher da auf den Bildschirmen sahen, war ihre Werbung, nur in echt. Man soll zwar keine Witze über Namen machen, aber Telegate trifft es ganz gut. Der Spot wurde sofort aus dem Programm genommen. 1 Million DM in den Sand gesetzt.[29]

Die einstürzenden Zwillingstürme wurden zur Ikonographie eines neuen Zeitalters. Man hatte das Gefühl, dass etwas zu Ende gehen würde, aber man wusste noch nicht was. Der Westen? Das war für einen Jugendlichen noch ein zu diffuser Begriff. Die Unbeschwertheit? Vielleicht. Am nächsten Tag wachten wir auf wie aus einem bösen Traum. Verkatert, als hätten wir die Nacht durchgezecht. Immer wieder schossen diese Bilder durch den Kopf: dieser infernalische

Lärm der Flugzeuge, die Hilfeschreie der Menschen, die Sirenen. Wir waren verstört, traumatisiert. Und wir waren an diesem Tag alle Amerikaner.

Camron, ein bleichgesichtiger Junge mit pechschwarzen Locken, den alle nur Cam nannten, hatte die amerikanische Kultur an unsere Schule gebracht. Er trug abgewetzte Baggy-Jeans und Lederjacke, hörte Hip-Hop und kiffte. Seine Bong schmuggelte er in einem Eastpak-Rucksack ins Schulgebäude, und während die Lateinlehrerin an der Tafel über Adverbialkonstruktionen dozierte, feilte er mit müden Augen an seinen Rap-Strophen. Auf den Schulfesten rappte er wie ein zweiter Eminem, sein amerikanisches Englisch klang so räudig wie auf den Straßen Detroits. Die Rolle des Bad Guy füllte er glänzend aus. Cams Mutter stammte aus dem Iran, sein amerikanischer Vater lebte in New York, einige Häuserblöcke von den Zwillingstürmen entfernt. Wenn er ihn in den Sommerferien für ein paar Wochen besuchte, erzählte er hinterher immer von Schüssen, die nachts durch die Hochhausschluchten peitschten. Nach den Anschlägen auf das World Trade Center verbrachte Cam quälende Stunden, bis er ein Lebenszeichen seines Vaters erhielt. Es gab noch kein WhatsApp, kein Facetime, und SMS verschickte man üblicherweise auch nicht über den Atlantik. Das war zu teuer. Dann endlich hatte er die Gewissheit, dass der Vater lebte. Die Angehörigen der fast 3000 Todesopfer dagegen warteten vergeblich.

Das Erinnern an den 11. September ist aufs Engste verwoben mit der Internetgeschichte. Viele Zeitdokumente aus der Zeit sind heute nicht mehr abrufbar. Der Grund: Nachrichtenseiten wie die «Washington Post» oder «ABC News»

arbeiteten bei ihrer Berichterstattung über die Anschläge
mit Flash. Weil Adobe den Support für seinen Flash Player
wegen Sicherheitslücken Ende 2020 einstellte, wird der
Plugin von vielen Browsern nicht mehr unterstützt.[30] Viele
interaktive Grafiken können daher nicht mehr angesehen
werden. Zwar gelang es einigen Datenjournalisten mit speziellen Tools, die Flash-basierten Elemente wiederherzustel-
len. Trotzdem sind zahlreiche historische Quellen unwieder-
bringlich verloren. Das Netz hat ein Siebgedächtnis. Der
Journalismusprofessor Dan Pacheco sagte gegenüber CNN:
«Es fühlt sich an, als würde das Internet mit noch größerer Geschwindigkeit verrotten – ironischerweise wegen der
Innovation.»[31]

Nur wenige Stunden nach den Terroranschlägen, der
Rauch aus Manhattan war noch nicht verzogen, erstellte der
Finanzmakler Steve Golding an seinem Computer eine Collage aus Fotos, Videosequenzen und O-Tönen: Porträtbilder
von Opfern, Funksprüche, Radio- und Fernsehkommentare.
Das Video unterlegte er mit dem Song «Only Time» der iri-
schen New-Age-Sängerin Enya und stellte es ins Netz.[32] Die
Collage ist noch heute im Netz zu finden (unter anderem auf
Youtube) – die Anfangssequenz («Be Patient LOADING –
7 Meg File Loading») verrät, dass die Datei noch aus einer
anderen Internetzeit stammt. Es gab weder Youtube noch soziale Netzwerke, sodass Songs oder Videos nicht einfach so
viral gehen konnten. Erst als der Nachrichtensender CNN
das Lied entdeckte und mit eigenen Bildern mixte, wurde es
einem breiteren Publikum bekannt. Radiostationen aus aller
Welt spielten den Song rauf und runter. Obwohl das Lied
schon ein Jahr alt war – es war bereits im Herbst 2000 auf

Enyas fünftem Studioalbum «A Day Without Rain» veröffentlicht worden –, eroberte es im Nu die Charts. Die irische Folksängerin war lange in einer Esoterikecke, aber die getragene Ballade wirkte nun wie Balsam auf die Wunden der amerikanischen Seele. «Only Time» avancierte zur weltweiten Trauerhymne – auch wegen der berührenden Lyrics.

Doch das traumatisierte Amerika fiel schnell in alttestamentarische Verhaltensmuster zurück. Auge um Auge, Zahn um Zahn. US-Präsident George W. Bush schwor noch auf den rauchenden Ruinen von Ground Zero Vergeltung. Mit seinem breiten texanischen Akzent rief er den Bauarbeitern und Feuerwehrleuten durch das Megafon zu: «Ich kann euch hören. Der Rest der Welt hört euch. Und die Leute, die diese Gebäude zum Einsturz gebracht haben, werden von uns bald hören.»[33] Die verwundete Nation sann nach Rache. Und bekam sie. Die USA erklärten dem Al-Kaida-Terrornetzwerk den Krieg, die Nato rief erstmals den Bündnisfall aus, Bundeskanzler Schröder sicherte den USA im Deutschen Bundestag «uneingeschränkte Solidarität» zu. Der Rest der Geschichte ist bekannt: Afghanistankrieg, Irakkrieg, Guantanamo.

Vielleicht wären der Öffentlichkeit wichtige Details des *Global War on Terror* entgangen, hätten die Chronisten von Wikipedia die Ereignisse nicht minutiös protokolliert. Bereits im Oktober 2000 fanden sich in der Online-Enzyklopädie ca. 100 Artikel rund um die Anschläge.[34] Natürlich war da anfangs eine Unwucht – Wikipedia zählte zu dieser Zeit lediglich 13 000 Artikel. Und der Eintrag zum 11. September war zunächst auch sehr ungeordnet, um nicht zu sagen: chaotisch. Neben ein paar dürren Zeilen zu den Ereignissen fanden sich darauf Blutspendenaufrufe sowie Mutmaßungen über die mit an Bord gebrachten Waffen der gekaperten Maschinen.[35] Doch die Graswurzelbewegung wuchs beständig. Jeder durfte schreiben. Die eherne Regel: «Wikipedia is not paper.» Noch in der Woche zuvor hatte sich die Fachzeitschrift «MIT Technology Review» mit der Überheblichkeit der Ostküstengelehrsamkeit über die ehrenamtlichen Autoren mokiert: Wikipedia werde wahrscheinlich nie die Encyclopaedia Britannica mit ihrer stolzen Geschichte entthronen.[36] Es sollte nicht die einzige Fehlprognose im Zusammenhang mit der Netzwelt bleiben. 2012 wurde nach 244 Jahren der Druck des Nachschlagewerks eingestellt.[37]

Die freiwilligen Wikipedia-Autoren, die ich mir als schrullige Mischung aus Planespottern und Modelleisenbahnsammlern vorstellte, kamen mit der Dokumentation der Ereignisse kaum noch hinterher. Die Eilmeldungen, die unter den Flugzeugträger-Dokumentationen des Nachrichtensenders n-tv über den Bildschirm liefen, waren an Dramatik nicht zu überbieten: Börsenbeben! Sky Marshals! Anthrax!

Nachdem in den USA Politiker Briefe mit Milzbranderregern erhalten hatten, ging hierzulande die Angst vor einem Bioterroranschlag um. Als dann auch in deutschen Amtsstuben weißes Pulver aus Briefumschlägen rieselte, schlugen die Behörden Alarm: Die Feuerwehr rückte mit ABC-Schutzanzügen und Gasmasken aus, die Proben der verdächtigen Substanz wurden per Hubschrauber in das Robert-Koch-Institut geflogen, wo sie von Experten untersucht wurden. Die vermeintlichen Milzbrandsporen entpuppten sich schließlich als Zucker, Mehl oder Gips – was den Trittbrettfahrern in ihren Vorratsschränken eben in die Hände gefallen war.[38] Dass Kreidepulver und pubertierende Jungs in dieser Gemengelage eine durchaus explosive Mischung darstellen und den Lehrplan sprengen konnten, hätte man mit einiger pädagogischer Weitsicht ahnen können. Von nun an waren Mehlbomben an Halloween tabu. Das weiße Pulver hatte endgültig seine Unschuld verloren. Und irgendwie auch das, was man «westliche Lebensart» nennt: Freizügigkeit, Reisen, Internet. Alles stand unter pauschalem Terrorverdacht. Und so wie die Gesellschaft nach dem Ausbruch der Coronapandemie in feinstem Virologendeutsch kollektiv von R-Werten und Inzidenzen sprach, hatten nach 9/11 alle den Geheimdienstjargon drauf und witterten in jeder Studentenbude einen «Schläfer». Der Generalverdacht war nicht unbegründet, schließlich wurden die Anschläge in der sogenannten «Hamburger Terrorzelle» mit vorbereitet.

Der vom Kongress im Eiltempo beschlossene Patriot Act räumte der US-Regierung umfassende Befugnisse zur Überwachung von Bürgern ein. Von nun an konnten Ermittler verdachts- und anlasslos Telefone abhören, Mails mitlesen und Datenbanken einsehen – und das ohne richterlichen Beschluss. Es war so, als hätten sich hunderte Zivilfahnder diskret unter das Partyvolk gemischt. Nur hatte das damals kaum jemand mitbekommen und daher auch kaum jemanden gestört. Wen interessiert schon Post von lisa1230@hotmail.de?

Dass sich die Bundesbürger zu Weihnachten Plastikbeutelchen mit Altmetallen unter den Christbaum gelegt hatten, die sie zuvor in Form eines «Starterkit» zu einem Ausgabepreis von 20 DM bei ihrer Bankfiliale des Vertrauens erstanden, deutete auf eine allgemeine Entspannung hin. Wir begutachteten die neuen Euromünzen mit einer Mischung aus Neugier und Nostalgie. All die Mark- und Pfennigstücke, die wir vorher noch für Panini-Bildchen oder die «Bravo» am Kiosk zusammengekratzt hatten und die die inflationsgeängstigten Senioren massenweise als «Schlafmünzen» horteten, hatten als Zahlungsmittel ausgedient. Ein Hauch von Anarchie lag in der Luft. Tankstellen fungierten als Wechselstuben, und so mancher Raucher staunte nicht schlecht, als ihm der Zigarettenautomat statt einem 2-Euro-Stück eine 10-Baht-Münze mit einem Gegenwert von 25 Cent ausspuckte. War man in Thailand gelandet? Mitnichten. Findige Trickser und «Thailand-Rückkehrer» (das Wort «Reiserückkehrer» war noch unbelastet) hatten die Automaten mit den minderwertigen Münzen überlistet, weil die Infrarotscanner anfangs die ähnlichen Metalllegierungen der Münzen nicht unterscheiden konnten.

Zwar beging ich keinen Automatenbetrug, ließ mich aber von der allgemeinen Goldgräberstimmung anstecken. Auf eBay ersteigerte ich für 20 Euro eine 1-Euro-Münze aus Monaco mit dem Konterfei von Fürst Rainier III., in der Hoffnung, die Wertanlage möglichst gewinnbringend wieder verkaufen zu können. Was sich als trügerisch erwies. Der Wert der 1-Euro-Münze aus Monaco näherte sich dem Kursverlauf der T-Aktie an. Bei irgendeinem Umzug muss das Sammlerstück verloren gegangen sein. Das war es dann mit dem Investment ...

Noch bevor der Boulevard die neue Währung als «Teuro» denunzieren sollte, entbrannte eine Debatte darüber, ob man zu der kleinsten Einheit nun «Sent» (wie im Amerikanischen) oder «Zent» sagen sollte. Sprachschützer forderten, man solle die neuen Münzen in den Portemonnaies ruhig Deutsch als «Zent» (wie das Wort Zentner) aussprechen. Doch selbst die schmerbäuchige Pfunds- und Zentnerfraktion, die in der Vereinsgaststätte weiter «Zigeunerschnitzel» bestellte und sich beharrlich weigerte, Anglizismen in den Mund zu nehmen, musste sich dem Zeitgeist beugen. Sent statt Zent also.

Beim «Teuro» waren sich die (Wut-)Bürger dagegen schnell einig. Einige Gastronomen und Einzelhändler nutzten die Währungsumstellung, um heimlich an der Preisschraube zu drehen. So entstand das Gefühl, dass alles immer teurer werde. Die Bild-Zeitung schürte die «Teuro-Wut», und die grüne Verbraucherschutzministerin Renate Künast heizte den Populismus weiter an, indem sie gemeinsam mit der Verbraucherzentrale ein Internetforum freischaltete. Auf www.preis-wert-forum.de konnten Bürger Preistreiber namhaft machen – sehr zum Ärger der Gewerbetreibenden, die in dem öffentlichen Forum einen «Internetpranger» sahen. Die Beschwerden waren so zahlreich, dass die Seite unter der Last der Anfragen zeitweise zusammenbrach. So erfuhr die Öffentlichkeit die wichtige Meldung, dass der Wirt des «Antalya Grill» in Bielefeld den Dönerpreis von 6 Mark auf 3,50 Euro angehoben hatte.[39] Krämerisch rechnete man nach und stellte fest: Das ist ja eine Mark mehr! Gut, dass wir verglichen haben!

Volkes Zorn wurde durch ein geschicktes Verfahren moderiert: Der inkriminierte Preistreiber konnte zunächst eine Stellungnahme abgeben, ehe die Beschwerde online ging. Irgendwann wurde die Seite aus dem Netz genommen. Klar, die Netzaktivisten wollen den Staat am liebsten aus ihrem

Reich heraushalten. Aber vielleicht ist ein staatlich moderiertes Beschwerdemanagement doch keine so schlechte Idee im Vergleich zu all den Bewertungsportalen, wo Hinz und Kunz unter Pseudonymen ihren verbalen Müll abladen. Vielleicht war es aber auch ein Fehler, Preistransparenz über eine staatlich organisierte Blackmailing-Kampagne zu organisieren.

Die allgemeine Pfennigfuchserei, die durch die Aldisierung diverser Wirtschaftszweige weit gediehen war, gipfelte in dem Werbeslogan «Geiz ist geil». Die Kampagne der Elektronikmarktkette Saturn donnerte wie ein Silvesterfeuerwerk durchs Land, und in schwäbischen Ohren hallte das Echo besonders lange nach. In meinem Heimatstadtteil Stuttgart-Bad Cannstatt gab es zur Fasnet, also an Fasching, die folkloristische Tradition des «Geizigrufens». Dabei rief die Menge so lange «Geizig, geizig», bis die Ladeninhaber sich erbarmten und aus ihren Fachwerkhäusern Süßigkeiten in die Menge warfen. Es ist nicht überliefert, ob sich die Werber von Jung von Matt, die den Slogan ersannen, in der Cannstatter Marktstraße umhörten. Fakt ist, dass keine Formel den Konsumismus der Gesellschaft besser beschrieb. Der Claim, auf dessen Nährboden Online-Portale wie www.geizkragen.de wie Pilze aus dem Boden schossen, hat die etwas angejahrte Tradition des Sommerschlussverkaufs in ein neues Zeitalter überführt.

Wer sich heute auf Youtube TV-Werbespots aus dem Jahr 2002 anschaut (netter Nebeneffekt: wer alte Werbung auf Youtube abruft, sieht keine neue Werbung), muss doch ein wenig staunen, wie gestrig sie mittlerweile wirken. Kodak warb für Farbfilme («Share moments, share life»), die Deutsche Post mit den Gottschalk-Brüdern für den Quelle-Katalog und Nokia für Videotelefonie über UMTS. Alle drei Player sind heute in der Bedeutungslosigkeit verschwunden. Hätte man das nicht schon wissen können? Warum werden Kataloge gedruckt, wenn die Verbraucher längst im Netz bestellen? Warum Farbfilme produziert, wenn immer mehr Digitalkameras verkauft werden? Und warum Handys für Videotelefonie entwickelt, wenn doch die Telekom mit Bildtelefonie gescheitert war (das Bildtelefon T-View 100 war Anfang 2001 eingestellt worden)?

Bei der Antwort muss man etwas differenzieren. Nokia hatte mit dem 6680 ein internetfähiges High-End-Gerät auf den Markt gebracht, das über ein Farbdisplay und eine 1,3-Megapixel-Kamera verfügte, was für damalige Verhältnisse eine hohe Auflösung war. Das Handy – im Grunde schon ein Smartphone – war seiner Zeit voraus. Das Problem: Für mobile Videotelefonie fehlte es an genügend Bandbreite. Das tat dem Pioniergeist allerdings keinen Abbruch. Im Jahr 2000 brachte die Nürtinger Firma Charisma eine «mobile Surfstation» auf den Markt, eine Art Vorläufer des iPads. «Mister Web», wie das Gerät hieß, war mit einem hochauflösenden Touchpad ausgestattet, das per Stift oder Finger bedient werden konnte, und einem für damalige Verhältnisse schnellen Cyrix-Prozessor.[40] Über eine vorinstallierte Internet-by-Call-Verbindung konnte sich der Nutzer ins elektronische Dorf einwählen. Kein nerviger Konfigurationsmarathon, kein minutenlanges Hochbooten. Surfen sollte so einfach wie die Bedienung eines Zigarettenautomaten werden. Das Problem war nur, dass das Gerät mit einem Gewicht von 2,9 Kilogramm nicht gerade handtaschentauglich und mit einem Listenpreis von 3000 DM auch nicht ganz billig war. Hinzu kam, dass der Browser Audio, Video und Java anfangs nicht unterstützte.[41] Das war dann doch eine Hypothek zu viel für die Marktreife – sonst wäre die Schwäbische Alb vielleicht zum neuen Silicon Valley geworden.

Das Schicksal, zu früh auf dem Markt zu sein, ereilte auch die MMS (Multimedia Messaging Service). Die Weiterentwicklung der SMS sollte mehr Farbe in die blassen Kurznachrichten bringen. Mit dem Handy ein Urlaubsfoto schießen und als Kurznachricht an die Liebsten nach Hause schicken – so stellten sich die Telekommunikationsstrategen die Zukunft vor. Analysten sagten der Bildnachricht ein gigantisches Wachstum voraus. Doch die MMS konnte sich genauso wenig durchsetzen wie das Bildtelefon, sonst würden wir heute wahrscheinlich wie verrückt «rummimsen». Stattdessen ließ man sich von Kai Ebel «Formel-1-Insider-News» als SMS aufs Handy schicken («Fahrer haben Benzin im Blut») oder suchte den Partner im SMS-Chat der Teletextseite. Tinder und Elitepartner mussten noch eine Weile warten.

Wir hatten ja soziale Netzwerke. Angefangen hatte alles mit Kwick. Gegründet 1999 im schwäbischen Weinstadt, war die Online-Community vor allem in Süddeutschland populär. Kwick war eine Mischung aus Kontaktbörse und Veranstaltungskalender. Der Nutzer gab sich einen Nickname, zum Beispiel Sweetlady2002 oder Freak05, lud ein Profilbild hoch und machte einige Angaben zu seiner Person: Geschlecht, Alter, Geburtstag, Sternzeichen, Interessen, Familienstand, Raucher, Bildung, Beruf, Wohnort. Man benötigte keine Chiffre oder Bildzuschriften wie in Kontaktanzeigen, sondern konnte gleich loslegen – kostenlos und ohne auf

Zeilen zu achten, das war ja das Geile am Internet. Profil anschauen, ins Gästebuch schreiben, Fotos kommentieren oder Mitglied in einem «Clan» werden (klang damals noch nicht so anrüchig). Aus «bmb» (bitte mit Bild) wurde «mb» (mail back). Der Ton auf Kwick war sehr direkt: Statt Annäherungsversuche in wolkige «Topf-sucht-Deckel»-Worte zu kleiden, stellten die Nutzer in der Rubrik «Das turned mich ab» schon mal klar, was ihnen nicht gefällt: Machos, Nervensägen, gelbe Zähne. Unter sozialhygienischen Gesichtspunkten wäre es daher sinnvoll gewesen, wenn sich für die Kontaktanbahnung in der Community die Abkürzung «bob» durchgesetzt hätte – bitte ohne Bild. Alles in allem war Kwick eine sehr geschwätzige Veranstaltung. Unter den Party-Pics in der Galerie fanden sich Einträge wie: «hey süße, ich fands gestern echt mega witzig :D was wir so alles labern) hahahaha... bei jedem dasselbe!!» Und die laszive Werbung von Miss Sixty, die man ins Gästebuch postete – nein, posten sagte man noch nicht, die man dorthin hochlud –, wurden mit Sprüchen garniert wie: «Hey, wollt mich mal wieder melden!»

Auch ich war in dem Forum aktiv, unter dem zweifelhaften Username «Adri88x». Wohnort: Stuttgart. Status: Power-User. Letzter Login: vergessen. Ich weiß nur, dass ich ein recht verwegenes Profilbild hatte. Mit schulterlangen Haaren, eine krude Mischung aus dem späten Che Guevara und dem frühen Bill von Tokio Hotel. Die ältere Generation betrachtete mich argwöhnisch als «Gammler», wobei das noch die nettere Formulierung war. Unsere Französisch- und Englischlehrerin Frau L., die wegen ihres Topfschnitts von allen nur «die Pilzkopf» genannt wurde, meinte mal, ich sähe aus wie ein Terrorist. Frau L. war selbst kein «Kwickie», schaute ihren steckbrieflich gesuchten Schülern aber zuweilen über die Schulter, als diese im – berühmt-berüchtigten – Computerraum wie ausgedürstete Nomaden in der Wüste ihre verpassten Nachrichten checkten. Es gab noch keine Smartphones, und WAP war nur was für Wichtigtuer.

Frau L. hatte mit ihrer Feststellung nicht ganz Unrecht. Früher wurden Profile von Kranken und Kriminellen gemacht. Jetzt legte man selbst Profile von sich an. Warum eigentlich? Wir hatten schon in der Grundschule mit dem Lamy- oder Geha-Füller unsere Vorlieben in Poesiealben der besten Freunde gepinselt und ein Foto vom Schulfotografen eingeklebt. Aber das blieb noch unter Freunden. Bei Kwick war alles öffentlich. Von jedem Nutzer wurden detaillierte Statistiken erhoben: Login, letzte Profilaktualisierung, Anzahl der Profilaufrufe, durchschnittliche Sitzungszeit, letzte Besucher des Profils – alles wurde protokolliert. Man konnte also sehen, wer wann zuletzt online war und nach der Party nachts noch am Rechner saß. Ich ertappte mich, wie ich Freunden und Bekannten von Angesicht zu Angesicht Fragen stellte, deren Antworten ich schon kannte, weil ich ja die Bilder in der Galerie gesehen hatte. Es fühlte sich irgendwie falsch an, diesen Wissensvorsprung durch alibimäßiges Nachfragen zu kaschieren. Die vielen Informationen bedeuteten mehr Kontrolle, und wo es mehr Kontrolle gibt, wuchert auch das Misstrauen. Warum war er oder sie so spät noch «on»? Warum hat er oder sie noch immer nicht geantwortet? Fragen über Fragen. Im Grunde war Kwick wie Facebook – nur, dass die Statistiken für jedermann einsehbar waren. Und das weckte auch die detektivische Neugierde der Lehrer.

Herr B., Deutschlehrer und Dandy, kurvte immer mit seiner C1 durch den Stadtverkehr. Der überdachte BMW-Roller war das Gefährt für Oberstudienräte in der Midlife-Crisis. B., Typ Theaterkritiker, hatte immer einen flotten Spruch parat. Niemand konnte so bescheidwisserisch über den «Spiegel» als «Bild-Zeitung für Intellektuelle» dozieren wie er. Sein Plauderton hatte etwas Ranschmeißerisches. Wenn der Simon-Baker-Lookalike mit seiner abgewetzten Ledertasche federnden Schrittes die Schulgänge entlangschritt, dann wehten die Moleküle seines etwas zu juvenilen Herrendufts herüber. Und wenn er mit seinem C1 und der Kippe im Mundwinkel losfuhr, als wäre der Lehrerparkplatz die Kulisse für einen Almodóvar-Film, hätten wir seinen tugendhaften Fleiß fast schon unterschätzen können. Aber B. war ein knallharter Rechercheur.

Eines Montagmorgens, wir hatten mal wieder Augenringe bis zum Boden, konfrontierte er zwei Schülerinnen mit der Frage, wie es denn so im «Partykeller» gewesen sei. Dort waren am Wochenende illegale Substanzen konsumiert worden, was die halbe Schule wusste, weil das Beweisfoto mit entsprechendem Kommentar in der Galerie ihres vielgeklickten Kwick-Profils veröffentlicht worden war. Die zwei Mädels grinsten breit in die Kamera, im wahrsten Sinne des Wortes. Darauf angesprochen soll es den beiden übereinstimmenden Berichten zufolge die Schamesröte ins Gesicht getrieben haben. Die eigentliche Sensation war aber, dass Herr B. undercover auf Kwick unterwegs war – und seinen Schülerinnen im Netz nachspionierte. Hätte es Twitter schon gegeben, wäre ihm ein Shitstorm gewiss gewesen.

Herr B. war das, was man einen «Profilschleicher» nannte –

eine Person also, die ohne einen Gästebucheintrag oder
Kommentar auf einem Profil herumschlich. Es gehörte zu
den Usancen des sozialen Netzwerks, dass ein Nutzer zumindest einen Gruß hinterlässt, wenn er oder sie den Vorgarten
eines Community-Mitglieds betrat. Aber Kwick war keine
Hab-dich-ganz-doll-lieb-Veranstaltung, sondern ein profes-
sioneller Kennenlernmarkt. Wir spürten den kalten Wind
des Wettbewerbs, den Zwang, auf einer Bühne performen
zu müssen, sich zu singularisieren. Die Pausenclowns und
Wannabes hatte es schon immer gegeben, ihre Bühne war
die Straße oder der Fußballplatz. Doch nun gab es virtuelle
Bühnen – und dazu Metriken, an denen der Einfluss in der
Community messbar wurde. 300 000 «Kwickies» zählte die
Online-Community in ihrer Hochphase, und wären statt ein
paar Festzeltwirte, die zur großen Kwick-Party jede zweite
Maß umsonst ausschenkten, ein paar findige Werbeprofis
auf den Plan getreten, die den Datenschatz für personali-
sierte Werbung genutzt hätten, wer weiß, vielleicht wäre
Weinstadt das deutsche Menlo Park geworden.

Apropos Party: In den Nullerjahren kam es in Mode, an
Geburtstagen LAN-Partys zu feiern, statt bowlen zu gehen.
Nein, das war kein türkisches Volksfest (für die Älteren: das
türkische Wort «Lan» bedeutet so viel wie «Alter» oder «Ey,
Mann»), sondern ein Gaming-Event. Wir schleppten unseren PC samt Zubehör zu irgendeiner Location, verbanden die
Rechner per LAN-Kabel (daher der Name) und zockten über
Netzwerk die Nacht mit unseren «Homies» durch: «Counter-
strike», «Battlefield Vietnam», «GTA Vice City», solche Sachen. Weil sich der klobige Monitor und PC-Tower samt Ka-
belgewirr nicht mal eben unter dem Arm tragen ließ, sprang

meist das Elterntaxi ein und karrte die Hardware zum Veran-
staltungsort. Die Räume sahen aus, als hätte ein Telekom-
Techniker einen Betriebsunfall verursacht: überall LAN-Kabel und Mehrfachsteckdosen, über die man stolperte. Mal
fehlte ein Endstück, mal ein Monitorkabel. Verfluchte Technik! Wie sehr hätten wir uns eine drahtlose Verbindung, also
WLAN, gewünscht. Vermutlich hätte es dieses Hochamt der
Gamerkultur dann aber nie gegeben.

LAN-Partys hatten etwas von einem anarchischen Hacker-
treffen: Bildschirme erleuchteten die Gesichter im Dunkel
des Raumes, auf den Tischen stapelten sich leere Pizza-
kartons und Pringles-Dosen. Es bedurfte schließlich einem
Haufen Proviant, wenn wir uns im Multiplayer-Modus als
amerikanischer GI durch den vietnamesischen Regenwald
kämpften. LAN-Partys waren das, was Skatabende für die
Boomer-Generation waren: eine gesellige, zuweilen auch
bierselige Männerrunde mit einem ganz eigenen Jargon.
Sprüche wie «Hey du Cheaterkind» oder «Ich brauch noch
'nen Key» versteht nur, wer in seiner Jugend auf solchen Veranstaltungen war. So wie sich der Skatspieler nicht in sein
Blatt schauen lässt, lässt sich der LAN-Partygänger nicht auf
seinen Bildschirm schauen (auch wenn man dafür seine
Festplatte freigeben musste). Irgendwann um vier oder fünf
Uhr morgens, als alle viereckige Augen hatten und kreide-
bleich im Gesicht waren, legten wir uns in den Schlafsack
und schliefen bis zum späten Vormittag unseren Spielerausch
aus. Unsere Eltern beäugten das neue Hobby mit einer Mischung aus Skepsis und Bewunderung. Einerseits waren sie
erstaunt, wie behände ihre Sprösslinge mit der Netzwerk-
technik umgingen. Andererseits war ihnen nicht ganz wohl

bei dem Gedanken, dass die Jugend Ballerspiele zockte – wobei sich die Erkenntnis, dass Computerspiele literarische Erzählformate sind, selbst in den Bildungsbürgerfamilien nicht herumgesprochen hat.

Mitunter war es gar nicht so leicht, für diese subkulturellen Treffen eine Räumlichkeit zu finden. Entweder waren die Locations ausgebucht oder zu teuer. Im Rahmen des Konfirmations- und Religionsunterrichts hatten wir einen besonderen Draht zur Kirche. Also fragten wir bei einer evangelischen Kirchengemeinde in Stuttgart an. Wir würden gerne den Gemeinderaum für eine LAN-Party buchen. Schweigen in der Leitung. Wofür? «Eine Netzwerkveranstaltung für Strategiespiele, mit Computern und so», erklärten wir vorsichtig. Dann erwähnten wir noch nebenbei, bei der letzten Tannenbaumaktion die nadelnden Christbäume abgeholt und Geld für die Gemeinde gesammelt zu haben. Die Nummer zog. Die Frau am Telefon signalisierte Kooperationsbereitschaft. Samstags gehe nicht, weil am nächsten Tag Gottesdienst sei, donnerstags habe der Bibelkreis den Raum belegt, aber Freitagabend sei möglich. Kirchenasyl für eine Nacht, wie geil war das denn! Wir sagten zu und buchten den Raum. Die «Saalmiete» kostete 70 oder 80 Euro, so genau weiß ich das nicht mehr, billiger als alles andere, aber noch immer zu teuer, wenn man bedenkt, dass wir vom Pfarrer zu unentgeltlicher Kirchenarbeit verdonnert worden waren. Aber egal. Ein paar Tage, bevor die Party steigen sollte, gingen wir ins Pfarrhaus, um die letzten vertraglichen Formalitäten zu klären. Eine Mitarbeiterin im Strickpulli – das Kirchentagsgesicht habe ich noch vor Augen – händigte uns die Schlüssel aus und legte uns einen Wisch zum Unterschreiben auf den

Tisch. Ganz geheuer war die Sache der Gemeindemitarbei-
terin nicht, aber Geldgeschäfte machte die Kirche gerne,
und zwar nicht nur mit dem Klingelbeutel im Gottesdienst.
Was will man schon gegen junge Mitglieder sagen, die der
Kirche den Weg ins digitale Zeitalter weisen? Mit Gottes
Segen zockten wir dann im Gemeindesaal bis tief in die
Nacht Ego-Shooter und Fußball-Simulationen. Danke, Evan-
gelische Kirche! Die Austrittswelle konnte das neue Angebot
für Jugendliche nicht aufhalten, denn die neuen Glaubens-
gemeinschaften entstanden im Netz.

8. Wir wollten doch nur gruscheln

2002 wurde die Dating-Plattform Friendster gegründet, ein Kofferwort aus «friend» und «Napster», ein Jahr später ging sie live. Das Prinzip war ähnlich wie bei Kwick: Man schuf ein Profil und vernetzte sich mit Freunden. Friendster war die Mutter aller sozialen Netzwerke. Zuerst waren es nur zehn Personen, dann einige Dutzende Künstler in der Bay Area, und innerhalb kürzester Zeit explodierte die Zahl der Nutzer auf über drei Millionen. Das rasante Wachstum blieb der Konkurrenz nicht verborgen. So bot Google 2003 30 Millionen Dollar für das soziale Netzwerk, doch Gründer Jonathan Abrams schlug die Offerte aus, was er wohl bis heute bereut. Friendster war in den USA so etwas wie eine digitale Beachparty. Zu den prominenten Usern gehörten unter anderem Courtney Love und Matthew McConaughey, Leute, mit denen unsere Generation eher weniger anfangen konnte. Ungefähr so uncool, als würde der Mittdreißiger auf einer Abiparty aufschlagen. Beobachter zählten auch 14 Kurt Cobains, 32 Saddam Husseins and 110 Jesus Christs in der Community.[1] Die Fake-Accounts oder «Fakesters», wie sie auch genannt wurden, waren schon damals ein Problem. Friendster wuchs zu schnell und wurde später an eine Ga-ming-Plattform in Kuala Lumpur verkauft. Mark Zuckerberg stand bereits in den Startlöchern.

Es gab aber noch eine entscheidende historische Weg-
gabelung. 2002 stellte Zuckerbergs Vater seinen Sohn vor
die Wahl: Entweder würde er ihn an die Eliteuni Harvard
schicken oder ein Franchiseunternehmen von McDonald's
kaufen. So erzählte es seine Schwester Randi dem Fernseh-
sender CNN.[2] Bücher oder Big Macs also. Der Ausgang der
Geschichte ist bekannt. Doch die Vorstellung, wie Zuckerberg mit dieser bescheuerten Kappe Chicken McNuggets aus
einem Drive-in herausgibt, ist irgendwie vergnüglich. Die
meisten Leute hätten ihm den Big Mac viel eher abgekauft
als die klebrige Erzählung von der «globalen Gemeinschaft».
Und vielleicht hätte man Zuckerberg senior doch etwas
mehr Entschlossenheit für die Berufswahl seines Sohnes gewünscht.

Friendster markierte einen Wendepunkt in der Geschichte
des Internets. Mit dem Netzwerk setzte eine Bewirtschaf-
tung des Sozialen ein, bei der zunehmend auch Emotionen
kapitalisiert wurden. War das Internet 1.0 eine Quasselbude
mit versprengten Trödelmärkten und Schrebergärten, wurde
es nun zu einer Arena, einer Affektgemeinschaft, in der das
Publikum wie ein Imperator den Daumen über das Spektakel hob oder senkte. Dass das Internet aber noch immer keinen Stellenwert in der Popkultur hatte, ließ sich daran ab-
lesen, dass das Seelenstriptease vornehmlich im Fernsehen
stattfand. Im November 2002, die Nation grölte noch immer
«Es gibt nur ein' Rudi Völler», startete die RTL-Show «Deutschland sucht den Superstar» mit Juror Dieter Bohlen, der auf
der Mattscheibe so aussah, als hätte er vergessen, die Grill-
funktion seines Solariums abzustellen. Nach dem Erfolg von
«Popstars» sollte das Fernsehpublikum nun abermals Zeuge

werden, wie das Privatfernsehen einen Superstar backte. Der Stern von Zladdi und Co. begann allmählich zu sinken, und die Kollegen der «Bravo», «Bunte» und Co. brauchten neues Material, um ihre noch immer auflagenstarken Hefte vollzukriegen.

An Gossip sollte es nicht mangeln, im Gegenteil. Wir sahen, wie ein bebrillter, 17-jähriger Kinderpflege-Azubi aus dem bayerischen Eggenfelden mit braunen langen Haaren Runde um Runde weiterkam – nicht, weil er so toll sang, denn Daniel Küblböck war nun wahrlich kein Gesangstalent –, sondern weil er so geerdet und abgedreht, so fragil und schrill war. Wenn Küblböck irgendwo auftrat, begannen die Teenies zu kreischen. Obwohl oder vielleicht auch weil Bohlen kein gutes Haar an dessen Quäkstimme ließ, wählten ihn die Zuschauer bis ins Finale. Dort unterlag der Paradiesvogel dann dem kreuzbraven Alexander Klaws, mit dem man Mitleid haben musste, weil er die schnulzige Bohlen-Komposition «Take Me Tonight» in jedem Möbelhaus trällern musste. Dass die Sendung eigentlich «Deutschland sucht den Superidioten» hätte heißen müssen, weil vor allem nach peinlichen Momenten in den Casting-Shows gesucht wurde, wurde schnell klar. Aber der Superstar war eh längst gefunden: Dieter Bohlen. Seine Sprüche, die das Sozialgericht Köln später zur Kunst nobilitieren und dem Sender «RTL» damit Nachtragszahlungen an die Künstlersozialkasse aufbrummen sollte[3], sind legendär. Hier nur zwei Beispiele:

«Ich würde auch fünf Kilogramm Hackfleisch in die Charts kriegen.»

«Du gehörst zu der Abteilung musikalischer Bildschirm-
schoner. Da passiert nix.»

Wir haben seinerzeit gelacht – und feierten Bohlen für diese
Sprüche. Sie trafen genau den Ton pubertierender Jungs.
Das war ein neuer, fast schon Trumpesker Sound, der die
Grenzen des Sagbaren und Schicklichen nachhaltig verschob. Da es noch kein Twitter gab, tobte der Shitstorm in
den Leserbriefspalten und bei «Wetten, dass ..?», wo Bohlen
ausgebuht wurde. Bevor das Internet zum Fernsehen wurde,
war das Fernsehen wie das Internet: emotionalisierend, lärmig, krawallig.

Um die Öffentlichkeit an den schlüpfrigen Details seines
Privatlebens teilhaben zu lassen, wählte Bohlen nicht etwa
einen Blog, sondern die klassische Buchform. Wobei die «Klo-
wände des Internets», wie der Werbeguru Jean-Remy von
Matt Weblogs mal bezeichnete, für Bohlens Fäkalinjurien
das geeignete Gefäß gewesen wären. In seinem Bestseller
«Nichts als die Wahrheit» walzte der Pop-Titan auf über
300 Seiten sein Sexualleben aus, das, wie der Leser erfuhr, in
einer «Penisfraktur mit Ruptur der Schwellkörper» kulmi-
nierte. Seine literarischen Ergüsse wurden von der Kritik
gefeiert, auf der Frankfurter Buchmesse 2002 war das Skan-
dalwerk das meistgeklaute Buch. «Reich-Ranicki, oder wie
der heißt, muss sich einen neuen Namen merken», ließ der
Musikproduzent via «Bild»-Zeitung ausrichten.[4] Und legte
noch eins drauf: «Der Doktortitel ist mein Ziel.» Was aus dem
Dissertationsprojekt wurde, weiß keiner, aber Bohlen hätte
sicher seinen Beitrag zur Phraseologie leisten können. Er
litt wohl an Selbstüberschätzung, denn das Plattengeschäft

spielte sich weiterhin auf dem US-Markt ab. Und die Frage, ob man zum Team Britney (Spears) oder Christina (Aguilera) gehörte, war fast schon eine Glaubensfrage, wichtiger als Krieg und Frieden.

Bis zum 20. März 2003. Da warfen US-Streitkräfte Bomben auf Bagdad, und in Deutschland gingen tausende Schüler gegen den Irakkrieg auf die Straße. «Kein Blut für Öl» oder «Brot statt Bomben» war auf den Transparenten zu lesen. «Wenn Krieg ist, können wir nicht einfach über Mathematik reden», sagte einer der Organisatoren der Aktion «Jugend gegen Krieg».[5] Die Pädagogin und Grünenpolitikerin Christa Goetsch sekundierte, dass eine Friedensdemo zuweilen «lehrreicher als 45 Minuten Unterricht» sei.[6] Dem war vorbehaltlos zuzustimmen. Doch abgesehen von ein paar versprengten, Ostermarsch-gestählten Alt-68ern sah das die überwiegende Mehrheit der Pädagogen anders. Schwänzen für den Frieden? Das ging gar nicht.

Unser Deutschlehrer Wilhelm D. – Wachtmeistergesicht, Walrossbart, Wohlstandsplauze – drohte mit schulrechtlichen Konsequenzen, sollte jemand bei den Schülerdemos mitlaufen. Dann hielt er erstmal eine Gardinenpredigt, in der er davor warnte, sich vor «irgendeinen Karren spannen zu lassen». Die Kundgebungen, so der scharfe Unterton, würden von linksextremen Aktivisten unterwandet. Dass D. phänotypisch dem Bild des preußischen Oberlehrers entsprach, verschaffte seinen Aussagen noch mehr Autorität. In seiner Stimme lag etwas Raues, was wohl auch dem märkischen Dialekt geschuldet war, und wenn er dieses maliziöse Grinsen aufsetzte und dabei seinen Kugelschreiber zwischen Daumen und Zeigefinger kreisen ließ – eine Überlegenheitsgeste, die er nach jedem Vokabeltest und Deutschaufsatz wiederholte –, dann wussten wir: Wir haben nichts verstanden. Da saßen wir also lammfromm auf unseren Holzstühlen, den Blick gesenkt auf die flaschengrünen, mit Sprüchen vollgeritzten Schultische, eingeschüchtert von den Drohungen. Und kamen ins Grübeln. Was wurden unserer Generation nicht immer für Vorwürfe gemacht! Wir schauten zu viel fern, hingen in Chatrooms herum und seien total unpolitisch! Und dann kam endlich ein politisches Überthema auf die Tagesordnung, die Frage nach Krieg oder Frieden nämlich, das der Kristallisationspunkt unserer politischen Sozialisation hätte werden können – und dann wollte man uns verbieten, politisch zu sein. Demonstrieren stand nicht auf dem Lehrplan, also wurde das auch nicht gemacht. Punkt, aus, Ende. Die Lehrer dekretierten paternalistisch, dass Schulpflicht vor Demonstrationsfreiheit geht. Der Musterschüler erschien für sie morgens pünktlich zum Unterricht und hatte seine Schulaufgaben gewissenhaft erledigt.

Im Bundestagswahlkampf 2002 war ich bei einer Wahlkampfveranstaltung der SPD. Eine Halle in Stuttgart, die Luft zum Schneiden, die Honoratioren in der ersten Reihe. Bundeskanzler Gerhard Schröder stand vorne am Rednerpult und verteidigte mit Verve sein Nein zum Irakkrieg. Der Saal tobte, und ich glaube, dass ich zum ersten Mal einem Politiker applaudierte. Eine militärische Intervention ohne UN-Mandat, das erschien auch mir, dem jungen politisch Interessierten, ein No-Go. Doch ich war zu hasenfüßig und obrigkeitshörig, um an den Schülerdemos teilzunehmen. So ging es den meisten. Die Disziplin siegte, der Aufstand im Klassenzimmer blieb aus. Nur zwei Klassenkameraden setz-

ten sich über das Demonstrationsverbot hinweg: ausgerech-
net die mit der größten Klappe. Sie taten das nicht aus Überzeugung, sondern weil sie schlicht keinen Bock auf Unterricht
hatten. Das fand ich unsolidarisch, weil es das schiefe Leh-
rerargument stützte, da träfen sich nur ein paar Faulenzer
zur Faschingsgaudi. Die Friedenstaube klebte schließlich am
Schreibtisch von Harald Schmidt, in dessen Late-Night-Show
die Mitglieder der Helmut-Zerlett-Band im Grün der Nacht-
sichtgeräte des Militärs gezeigt wurden. Kulturindustrielles
Recycling am Limit.

Die Diagnose, wir seien eine Kohorte von Konformisten,
die ihre politische Meinung so häufig wechsele wie ihren Status bei ICQ, traf in dieser Pauschalität natürlich nicht zu. Wir
waren schon politisch. Doch im Gegensatz zur Generation
Greta hat es unsere Generation nicht vermocht, ein eigenes
Narrativ zu entwickeln. Vielleicht waren wir nicht mutig genug, zu devot, zu duckmäuserisch. Vielleicht waren wir aber
auch zu sehr mit unserer eigenen Erzählung beschäftigt.

Es gibt einen Unterschied zwischen den Schülern, die
2003 gegen den Irakkrieg auf die Straße gingen, und denen,
die zwei Jahrzehnte – also fast eine Generation – später beim
Klimastreik von Fridays for Future mitmachten. Da sind zunächst die digitalen Werkzeuge. Wir hatten kein Twitter, kein
Facebook, kein Instagram. Hätten wir uns über die Telefon-
kette organisieren sollen? Das klappte ja schon nicht, wenn
morgens die erste Stunde Mathe ausfiel. SMS waren teuer.
Und Kettenbriefe las keiner. Die Rautetaste, in Zeiten des
Hashtag-Aktivismus der Einwahlknopf in den politischen
Prozess, drückte man allenfalls in der Warteschleife der Kun-
denhotline («Please hold the line»).

Natürlich wäre es zu billig, zu behaupten, man hätte mangels digitaler Technik keine soziale Bewegung auf die Beine stellen können. Die 68er hatten auch kein Facebook (war vielleicht auch besser so!). Dass aber Gerichte Internetcafés als Spielhallen qualifizierten, für die die Einschränkungen des Jugendschutzes galten, war der Mobilisierungsfähigkeit nicht gerade zuträglich – und zeugte zudem von einem tradierten Verständnis von Kommunikation. Viel besser als die Boomer-Generation, die autoschambefreit durch die Lande dieselte und Flugmeilen abfeuerte, waren wir aber auch nicht. Das ökologisch wertvolle Interrail-Ticket erschien uns irgendwie zu piefig, stattdessen stillten wir unseren Welthunger mit All-You-Can-Fly-Tickets oder jetteten dank Error Fare für 200 Euro in die USA. Heute Mailand, morgen Miami. Leider geil. Unsere Generation war so mit den Status-Updates und Fassadenarbeiten ihres Profils beschäftigt, dass die Weltrettung noch ein wenig warten musste. Ein paar tausend Kettenbriefe später ist die ICQ-Blume noch immer nicht blau, die Erde aber um ein paar Grad wärmer.

Als der Nahe Osten mal wieder lichterloh brannte, in Deutschland der erste SARS-Erreger festgestellt wurde und der «Jahrhundertsommer» Europa im Schwitzkasten hielt, begann das Internet so richtig chillig zu werden. 2003 wurde das soziale Netzwerk MySpace gegründet. Das Prinzip war dasselbe wie bei Friendster: Man erstellte ein Profil und vernetzte sich mit Freunden. MySpace war aber nicht als Dating-Plattform gedacht, sondern als Bühne für Musikschaffende. Statt in einem Club aufzutreten, lud man einfach ein paar Tracks hoch – und hoffte auf Publikum oder einen Produzenten. Bands wie Arctic Monkeys oder One Republic

feierten auf der Plattform ihren Durchbruch.[7] Auch der DJ
Calvin Harris wurde über ein Profil auf MySpace entdeckt.
Das Magazin «Wired» schrieb, dass das soziale Netzwerk das
«MTV für die Netzgeneration» geworden sei.[8] Radio? War
längst out! MTV und Viva? Auch nicht mehr up to date. Also
hörten wir Musik auf MySpace. Das Netzwerk war eine Mischung aus Jukebox und Fantreff – und nahm die Funktionen von Spotify und Facebook vorweg. 2005 kaufte Rupert
Murdochs News Corporation MySpace für 580 Millionen Dollar auf, 2006 schloss das Musiknetzwerk einen 900 Millionen
Dollar schweren Werbedeal mit Google.[9] 2007, auf seinem
Höhepunkt, hatte MySpace 300 Millionen Nutzer. Doch dann
kam Facebook – und der Niedergang begann. 2019 – My-
Space war längst so schrullig wie ein Verein von Amateur-
funkern – musste das Unternehmen einräumen, dass bei
einer Servermigration 50 Millionen Songs aus Versehen gelöscht worden waren.[10] Zwölf Jahre Musikgeschichte, einfach so weg. Wahrscheinlich erinnern wir uns sowieso nicht
mehr an all die Emo-Popbands, und vielleicht ist es auch besser so, dass manches Foto im digitalen Orkus gelandet ist.

Unser Generationsgenosse Mark Zuckerberg war 2003
bereits in Harvard eine Campus-Berühmtheit. Sein Portal
«Facemash» war das Gesprächsthema, die Studentenzeitung
«Crimson» hatte mehrere Berichte über den Studenten im
Blatt. Auf der Seite, einer Art Hot-or-Not-Klon, konnten Besucher die Attraktivität von Studenten bewerten, indem sie
eines von zwei Bildern anklickten (für das Hera-Lind-Publi-
kum: eine Art «Herzblatt» ohne Trennwand). Zuckerberg
hatte sich dafür in das Computernetzwerk der Harvard-Uni-
versität gehackt und die ID-Fotos seiner Kommilitonen ge-

stohlen.[11] Das mit Fotos versehene Verzeichnis der Wohn-
heime hieß Facebook, später namensgebend für sein soziales
Netzwerk. Die Geschichte des Internetkonzerns beginnt also
mit einem handfesten Datenskandal. Nachdem der milchge-
sichtige Computernerd von einer unbekannten Dame einen
Korb erhielt, begann er in Apartment H33 des Kirkland-
Wohnheims an einem Code zu schreiben, der die Rankings
nach jedem Votum berechnete.[12] Er registrierte eine Domain
(www.facemash.com), schickte den Link an seine Freunde,
und so verbreitete sich die Seite wie ein Lauffeuer. Doch das
fragwürdige Bewertungsportal, das aus einer bierseligen
Laune heraus entstanden war, hatte ein Nachspiel: Der Ver-
waltungsrat leitete wegen der Verletzung von Urheberrech-
ten und der Privatsphäre ein Verfahren ein, Zuckerberg
musste zum Rapport.[13] Der Student sagte, was er auch Jahre
später zu seiner Verteidigung sagen sollte: Sein primäres Interesse gelte der Technik. Der PR-Coup war gelungen. Als
die Harvard-Studenten Tyler und Cameron Winklevoss und
Divya Narendra einen Programmierer für ihr Studenten-
und Alumni-Netzwerk «HarvardConnections» suchten, fiel
die Wahl auf ihren Kommilitonen Mark Zuckerberg. Doch
der ambitionierte Student hatte andere Pläne. Er schrieb
an der Software für ein eigenes soziales Netzwerk. Immer
wieder hielt er seine Auftraggeber hin, verschob Meetings
und gab vor, mit Arbeit zugedeckt zu sein.[14] Einen fertigen
Code präsentierte er nie. Stattdessen soll er den Quellcode
kopiert haben. Am 4. Februar 2004, einen Tag, den man später als historisch bezeichnen wird, lancierte Zuckerberg die
Seite thefacebook.com – «nach einer Woche Programmie-
ren», wie der «Crimson» berichtete.[15] Nach wenigen Tagen

waren bereits 650 Studenten registriert. Über Harvard und Yale verbreitete sich das soziale Netzwerk wie ein Schneeballsystem. Ende 2004 zählte thefacebook über eine Million Mitglieder. Die Seite hatte nur einen kleinen Schönheitsfehler: Sie war in der Machart fast identisch mit dem Online-Netzwerk «HarvardConnections», das drei Monate später unter dem Namen «ConnectU» live ging. Die Winklevoss-Zwillinge und Narendra erhoben später Plagiatsvorwürfe gegen Zuckerberg und erstritten in einem Vergleich 65 Millionen Dollar.[16]

Es ist eine Ironie der Geschichte, dass das mutmaßlich abgekupferte soziale Netzwerk selbst kopiert wurde. Am 30. Oktober 2005 meldete der Student Ehssan Dariani in einem Internetcafé am Rosa-Luxemburg-Platz in Berlin die Seite studiVZ an.[17] Der Bachelor-Absolvent hatte bei einem Praktikum in den USA für ein Leipziger Start-up eine Anzeige bei dem angesagten College-Netzwerk gebucht, und von der Idee war er offenbar so angetan, dass er mit dem Informatikstudenten Dennis Bemmann einen Facebook-Klon schuf. Das Studentenverzeichnis glich dem großen amerikanischen Bruder in vielerlei Hinsicht: Die Benutzeroberfläche war fast identisch, das Profil ähnlich steckbriefartig aufgebaut, und auch die Anstupsfunktion wurde übernommen. Sie hieß nur «Gruscheln» statt «Poke».

Gruscheln ist eine Vokabel, die jüngeren Netzbewohnern nicht mehr viel sagen dürfte. Es handelt sich um eine Interaktionsform, für die es im physischen Raum keine Entsprechung gab und die sich etymologisch wohl irgendwo zwischen «grüßen» und «kuscheln», praktisch zwischen Flirt und Fernsprechquickie, verorten lässt. Man konnte sogar Bundeskanzlerin Angela Merkel gruscheln, die auf der Tochterseite meinVZ ein Profil hatte und freundlich zurückgruschelte.[18]

2008 verklagte Facebook, inzwischen ein Weltkonzern, studiVZ wegen einer Urheberrechtsverletzung.[19] Das Landgericht Köln sah darin jedoch keinen unlauteren Wettbewerbsverstoß – und wies die Unterlassungsklage ab.[20] Die Frage, was Urheberrechte im Netz sind und was eine Idee zum geistigen Eigentum qualifiziert, wurde damit aber nicht beantwortet. Bevor wir uns auf Facebook anmeldeten, übten wir auf der Kopie der Kopie.

Es fühlte sich zunächst ein wenig unlauter an, sich als Schüler auf einer Studentenplattform herumzutreiben (das Schwesternetzwerk schülerVZ wurde erst zwei Jahre später, 2007, lanciert). Doch wir hatten jede Menge Spaß. Luden Bilder hoch, schrieben Gästebucheinträge und traten witzigen Gruppen bei. Zum Beispiel: «Wer ist eigentlich dieser LAN und warum macht er so viele Partys?» Oder: «Der frühe Vogel kann mich mal!» Oder: «Je höher die Absätze, desto kürzer die Absätze!» Die Mitgliedschaft in Gruppen war Ausdruck der eigenen Identität, ein Statement wie die Aufkleber auf dem Heck von Autos («Ich bremse auch für Tiere»). Die Gruppenzugehörigkeiten lasen sich wie eine Visitenkarte.

Wer nach einer Selbstbeschreibung unserer Generation fragt, muss kein Soziologiebuch aufschlagen, sondern in studiVZ-Gruppen suchen (was zugegeben ein forschungspragmatisches Problem darstellt, weil studiVZ mittlerweile abgeschaltet ist). Sie zeichnen das Bild einer hedonistischen, narzisstischen Jugend, die bei allem Leistungs- und Wettbewerbsdruck nie die Fähigkeit zur Selbstironie verlor. Über Gruppen wie «Wer keine Persönlichkeit hat, kann ja immer noch Ed Hardy tragen!» oder «Scheiß Party, wenn ich meine Hose finde, geh ich heim» können wohl nur Mitglieder unserer Generation lachen. Darin fand noch der amoralische, frevelhafte Überschuss der 90er seinen Ausdruck. Wir nahmen uns und unsere Umwelt nicht so ernst. Wobei die Gruppe «Ich blinke nicht, weil's dich gar nix angeht, wo ich hin will!» doch tief blicken lässt in die Seelenkammer einer Generation, die sich auf ihrem Weg nicht in die Karten schauen lassen wollte, aber letztlich doch nach außen kommunizierte, um den Freunden Signale senden zu können. studiVZ war eine Mischung aus Mitfahrzentrale, WG und schwarzem Brett: Man machte seinen Beziehungsstatus und die politische Richtung öffentlich, gab Teilnahmen an Veranstaltungen bekannt und teilte Urlaubsfotos. Dass die Schwester schwanger war, erfuhr mancher aus dem Buschfunk.

studiVZ galt als das nächste große Ding der Netzökonomie. 2009 kaufte die Verlagsgruppe Holtzbrinck das Studentennetzwerk für kolportierte 85 Millionen Euro, doch die Übernahme erwies sich als Fehlinvestition.[21] 2012 stieß Holtzbrinck die Plattform wieder ab. studiVZ und schülerVZ waren längst out und wurden vom hippen Facebook überrollt. So wie MySpace oder Friendster. Nachdem das kriselnde Netzwerk auf der Resterampe für 10 Millionen Euro an ein US-Medienunternehmen verkauft worden war, machte es 2020 dicht. Wer sich zwischendurch noch auf studiVZ anmeldete, hatte das Gefühl, auf einer gähnend leeren Party der Fachschaft Informatik zu sein. Dort waren auch immer bloß ein paar Nerds. 2020 kehrte der einstige Facebook-Rivale unter dem Namen «VZ.net» zurück, was aber nur ein kurzes Intermezzo war. 2022 wurden meinVZ und studiVZ nach 17 Jahren endgültig abgeschaltet.[22] Mit dem Aus von studiVZ starb auch das Gruscheln einen leisen Tod. In Zeiten des Hasses, in denen Algorithmen ständig den inneren Blockwart kitzeln und Leute sich in denunziatorischem Eifer melden oder blockieren, dürfte die untergruschelte Gesellschaft wieder ein Bedürfnis nach Liebkosung haben. Vielleicht würde so manche App besser funktionieren, wenn es eine Anstupsfunktion gäbe, wer weiß.

Ach, Internet. Warst du damals nett! Man konnte surfen, ohne durch heftige Shitstorms segeln zu müssen. Nachrichten ungelesen im Postfach lassen, ohne gleich für tot erklärt zu werden. Und Webseiten besuchen, ohne dabei verfolgt zu werden. Es war ein – im Nachhinein betrachtet vielleicht naives – Gefühl der Sorglosigkeit und Unbeschwertheit, als könnte man an jeder Ecke den Daumen rausstrecken und trampen und mit wildfremden Menschen über die Datenautobahn düsen. Doch bei aller Nostalgie, die beim Blick zurück auf diese Spielwiese aufkommt, kann man doch froh sein, dass das Internet nach all den pubertären Anwandlungen und Wachstumsschmerzen allmählich erwachsen geworden ist. Zumindest oberflächlich. Man stelle sich mal vor, man hätte den Lockdown im Web 1.0 mit Modemgeschwindigkeit verbringen müssen, ohne Streaming und Videotelefonate. Die Freiminuten und Frei-SMS wären ratzfatz weg gewesen, das Netz zusammengebrochen, und Snake hätte irgendwann auch keinen Spaß mehr gemacht. Doch das World Wild Web hatte noch den Charme des Unfertigen, des Gestaltbaren. Das Web 1.0 war ein Raum, der noch nicht durch Algorithmen vorgespurt wurde. Ein Raum, der mehr Zufall zuließ.

Für mich als eine Art Spätaussiedler aus dem Internet 1.0, der mit der Online-Offline-Demarkationslinie sozialisiert wurde, ist die Übersiedlung in das Reich der Influencer doch mit gewissen Integrationsproblemen verbunden. So schnell, wie Rezo einem die Fakten und Quellen um die Ohren haut, kann mein Gehirn nicht mithalten. Und wenn ich mich heute in sozialen Netzwerken umsehe, dann frage ich mich, ob die tanzenden Tiktoker nicht doch die wahren Ureinwohner des Netzes sind.

Wenn wir heute die digitalen Orte unserer Jugend aufsuchen, laufen wir durch Geisterstädte. Manche Orte existieren schlicht nicht mehr, andere sind Internetfriedhöfe. Altavista? Abgeschaltet! Geocities? Abgerissen. MySpace? Existiert noch, ist aber voller Karteileichen. Genauso wie ICQ. Keiner ist mehr da. Die ganzen Webseiten, die man in liebevoller Kleinarbeit bastelte? Versteinerte Internetfossile, begraben unter meterhohen Datenschichten auf irgendwelchen Servern. Digitale Artefakte wie der Quellcode des World Wide Web oder der erste Wikipedia-Eintrag, die zum Inventar der Netzkultur und als Exponate in ein noch zu gründendes Internetmuseum gehören, wurden als sogenannte Non Fungible Tokens (NFTs), als digitale Echtheits- und Eigentumszertifikate, verscherbelt. Es ist, als wären die Hoods von einst gentrifiziert worden, als würden da, wo früher die windschiefen digitalen Behausungen standen, luxussanierte Apartments und Shopping-Malls stehen.

Heimat bedeutet auch ein Gefühl, Freunde, Orte. Und ein Ort kann auch digital existieren. ICQ oder schülerVZ waren unsere digitale Heimat. Würde man die alten Chatprotokolle hervorkramen, wäre es so, als würden wir in alten Fotoalben stöbern. Vielleicht wird es dereinst Nostalgietouren durch das Internet geben, wo man mit der alten Mühle des 56k-Modems in Schrittgeschwindigkeit über Datenautobahnen tuckert – so wie die Eisenbahnromantik mit alten Dampfloks. Vielleicht werden wir irgendwann auch in virtuellen Retroräumen im Metaverse die alten ICQ-Kontakte als Avatare wiedertreffen. Die Wege werden sich kreuzen, irgendwo. Aber erstmal mach ich dieses Internet aus. cu!

Literaturverzeichnis

Ackerman, Dan (2016): The Tetris Effect: The Game that Hypnotized the World, New York.

Baumgärtel, Tilman (2020): GIF, Berlin.

Beck, Ulrich (2020): Risikogesellschaft: Auf dem Weg in eine andere Moderne, 24. Auflage, Berlin.

Cohen, Noam (2017): The Know-It-Alls, New York.

Immler, Christian (2007): Das Notebook-Handbuch, München.

Kosseff, Jeff (2019): The Twenty-Six Words That Created the Internet, New York.

Lanier, Jaron (2018): Zehn Gründe, warum du deine Social Media Accounts sofort löschen musst, Hamburg.

Levy, Steven (2020): Facebook – Weltmacht am Abgrund: Der unzensierte Blick auf den Tech-Giganten, München.

Reckwitz, Andreas (2017): Die Gesellschaft der Singularitäten: Zum Strukturwandel der Moderne, Berlin.

Rouse, Richard H. (2004): Game Design: Theory and Practice, Burlington.

Sloterdijk, Peter (1999): Regeln für den Menschenpark: Ein Antwortschreiben zum Brief über den Humanismus, Frankfurt a. M.

Stone, Brad (2018): Der Allesverkäufer: Jeff Bezos und das Imperium von Amazon, Frankfurt a. M.

Anmerkungen

Vorwort:
Eine kleine Archäologie des Internets

5 https://www.npr.org/2013/05/22/185788651/the-first-web-page-amazing ly-is-lost, letzter Abruf: 21.3.2022.
6 https://www.faz.net/aktuell/feuilleton/medien/digitale-bibliothek-inter net-archive-13614849.html, letzter Abruf: 21.3.2022.

1. Start me up

1 https://www.spiegel.de/wirtschaft/go-und-stop-a-4c2ab1c2-0002-0001-0000-000013685132, letzter Abruf: 29.3.2022.
2 https://www.heise.de/meinung/Was-war-Was-wird-Von-zufaelligen-Wit zen-in-der-digitalen-Verlustzone-4727492.html, letzter Abruf: 30.3.2022.
3 https://dip21.bundestag.de/dip21/btp/13/13051.pdf, letzter Abruf: 29.3. 2022.
4 https://gfds.de/aktionen/wort-des-jahres/, letzter Abruf: 31.3.2022.
5 https://www.spiegel.de/politik/das-ding-der-zukunft-a-174a2109-0002-0001-0000-000009207516?context = issue, letzter Abruf: 29.3.2022.
6 https://www.pewresearch.org/politics/1995/10/16/americans-going-on line-explosive-growth-uncertain-destinations/, letzter Abruf: 29.3.2022.
7 https://archive.seattletimes.com/archive/?date = 19950823&slug = 2137762, letzter Abruf: 29.3.2022.
8 https://www.washingtonpost.com/wp-srv/business/longterm/microsoft/stories/1995/debut082495.htm, letzter Abruf: 29.3.2022.
9 https://www.nytimes.com/1995/07/31/business/microsoft-s-mobilization-customers-computer-users-told-go-slow-change-operating.html, letzter Abruf: 29.3.2022.
10 https://www.newyorker.com/magazine/2015/05/18/tomorrows-advance-man, letzter Abruf: 29.3.2022.
11 https://www.newyorker.com/magazine/2015/05/18/tomorrows-advance-man, letzter Abruf: 29.3.2022.

12 http://content.time.com/time/covers/0,16641,19960219,00.html, letzter Abruf: 29.3.2022.

13 https://www.wired.com/2015/01/90 s-startup-terrified-microsoft-got-americans-go-online/, letzter Abruf: 29.3.2022.

14 Brad Stone (2018): Der Allesverkäufer: Jeff Bezos und das Imperium von Amazon, Frankfurt a. M.

15 Ebd.

16 Steven Levy (2020): Facebook – Weltmacht am Abgrund: Der unzensierte Blick auf den Tech-Giganten, S. 38 f. München.

17 Noam Cohen (2017): The Know-It-Alls, S. 178, New York.

2. Deutschland im Börsenfieber

1 https://www.facebook.com/Horizont/videos/10154647132709731/, letzter Abruf: 29.3.2022.

2 https://www.spiegel.de/wirtschaft/da-geh-ich-mit-a-15745614-0002-0001-0000-000009105498, letzter Abruf: 29.3.2022.

3 https://www.dw.com/de/nach-dem-erfolg-die-justiz-wirtschaftskapit%C3%A4ne-vor-gericht/a-18799624, letzter Abruf: 29.3.2022.

4 https://www.youtube.com/watch?v=dGhSu40w998, letzter Abruf: 29.3.2022.

5 https://www.youtube.com/watch?v=08VdVIldmHc, ab Minute 2:10:20, letzter Abruf: 31.3.2022.

6 Brad Stone (2018): Der Allesverkäufer: Jeff Bezos und das Imperium von Amazon, Frankfurt a. M.

7 https://www.wired.co.uk/article/section-230-communications-decency-act, letzter Abruf: 29.3.2022.

8 Jeff Kosseff (2019): The Twenty-Six Words That Created the Internet, New York.

9 https://taz.de/!1428565/, letzter Abruf: 29.3.2022.

10 https://dip21.bundestag.de/dip21/btp/13/13138.pdf, letzter Abruf: 29.3.2022.

11 https://www.spiegel.de/politik/kabel-fernsehen-das-debakel-ist-da-a-ad609 33f-0002-0001-0000-000013509973, letzter Abruf: 29.3.2022.

12 https://www.teltarif.de/arch/2005/kw52/s19950.html, letzter Abruf: 31.3.2022.

13 https://www.welt.de/print-welt/article655464/Deutsche-Telefongebuehren-sind-weltweit-Spitze.html, letzter Abruf: 29.3.2022.

14 1998 die Auszeichnung Sprachpanscher des Jahres.

15 https://vds-ev.de/wp-content/uploads/2015/10/sprachpanscher_1998.pdf, letzter Abruf: 29.3.2022.

16 https://www.golem.de/news/deutsche-telekom-letzte-gelbe-telefonzelle-deutschlands-ist-abgebaut-1904-140820.html, letzter Abruf: 29.3.2022.

17 https://kommunal.de/telefonzelle-ausrangiert, letzter Abruf: 29.3.2022.

18 https://www.bsz-bw.de/depot/media/3400000/3421000/3421308/96_0330.html, letzter Abruf: 29.3.2022.

19 https://www.tagesspiegel.de/wirtschaft/telekom-erringt-teilsieg-gegen-topware/106822.html, letzter Abruf: 29.3.2022.

20 https://www.spiegel.de/netzwelt/web/fussball-schalke-unser-a-13435.html, letzter Abruf: 29.3.2022.

21 Ulrich Beck (2020): Risikogesellschaft: Auf dem Weg in eine andere Moderne, München.

22 https://www.youtube.com/watch?v = e3LItvqyPqo, ab Minute 14, letzter Abruf: 29.3.2022.

3. Die ersten Gadgets

1 https://www.wired.com/2016/08/the-tetris-effect-excerpt/, letzter Abruf: 31.3.2022.

2 https://www.welt.de/welt_print/article3882209/Stapeln-statt-ballern-Die-Spiele-Legende-Tetris-ist-25.html, letzter Abruf: 29.3.2022.

3 https://www.wired.com/2007/06/soviet-games/, letzter Abruf: 29.3.2022.

4 Dan Ackerman (2016): The Tetris Effect: The Game that Hypnotized the World, New York.

5 https://www.livescience.com/56481-strange-history-of-tetris.html, letzter Abruf: 29.3.2022.

6 https://www.nytimes.com/1988/01/29/business/new-software-game-it-comes-from-soviet.html, letzter Abruf: 29.3.2022.

7 https://www.golem.de/0711/55975.html, letzter Abruf: 29.3.2022.

8 https://mises.org/library/simulating-statism, letzter Abruf: 29.3.2022.

9 https://www.jacobinmag.com/2014/10/les-simerables?__cf_chl_jschl_tk__ = pmd_e42aae4a73963df45c1a690f337f853eb59406b5-1626948296-0-gqNtZ GzNAiKjcnBszQh6, letzter Abruf: 29.3.2022.

10 https://www.vice.com/en/article/4w4kg3/the-totalitarian-buddhist-who-beat-sim-city, letzter Abruf: 29.3.2022.

11 Richard H. Rouse (2004): Game Design: Theory and Practice, S. 414, Burlington.

12 https://web.archive.org/web/19970120184227/http://www.quelle.de/qcd ro_01.html, letzter Abruf: 29.3.2022.

13 https://archive.nytimes.com/www.nytimes.com/library/cyber/week/052 497gadget-diary.html, letzter Abruf: 29.3.2022.

14 https://www.spiegel.de/panorama/tod-am-vormittag-a-e1e8661c-0002-0001-0000-000008805523, letzter Abruf: 29.3.2022.

15 https://homepage.univie.ac.at/henning.schluss/seminare/023bildung_und_genetik/texte/01sloterdijk.htm, letzter Abruf: 29.3.2022.
16 https://www.chip.de/news/Haetten-Sie-es-gewusst-Das-ist-die-kuriose-Erfolgsgeschichte-von-Netflix_121584435.html, letzter Abruf: 29.3.2022.
17 https://www.dailymail.co.uk/news/article-5300839/MoviePass-CEO-mistakenly-sent-PORN-Netflix-users-98.html, letzter Abruf: 29.3.2022.
18 https://pagesix.com/2018/01/22/moviepass-ceo-accidentally-sent-porn-to-netflix-users/?_ga = 2.192021103.450544460.1516661004-167043050.15076 33435, letzter Abruf: 29.3.2022.
19 https://www.nytimes.com/2006/12/17/jobs/17boss.html, letzter Abruf: 29.3.2022.
20 https://www.cnbc.com/2017/05/23/netflix-ceo-reed-hastings-on-how-the-company-was-born.html, letzter Abruf: 29.3.2022.

4. Schröders Haarfarbe googeln

1 https://www.welt.de/print-welt/article524510/Gotthilf-Fischer-ratlos-Wer-hat-mein-Lied-so-zerstoert.html, letzter Abruf: 29.3.2022.
2 https://www.spiegel.de/politik/eine-schlacht-um-gefuehle-a-c6e93772-0002-0001-0000-000007833014, letzter Abruf: 29.3.2022.
3 https://taz.de/Die-1500-Folgen-Wiederholung/!1338851/, letzter Abruf: 30.3.2022.
4 https://web.archive.org/web/19980210082123/http://www.cdu.de/index.html, letzter Abruf: 29.3.2022.
5 https://www.heise.de/tp/features/Kohl-chattet-3411776.html, letzter Abruf: 29.3.2022.
6 SZ vom 19.9.1998.
7 https://about.google/our-story/, letzter Abruf: 29.3.2022.
8 https://www.bbc.com/news/business-39129619, letzter Abruf: 29.3.2022.
9 https://www.theatlantic.com/technology/archive/2014/08/advertising-is-the-internets-original-sin/376041/, letzter Abruf: 29.3.2022.
10 https://www.computerwoche.de/a/neuer-56k-modem-standard-kommt-im-september-1998,1103499, letzter Abruf: 29.3.2022.
11 Christian Immler (2007): Das Notebook-Handbuch, S. 216, München.
12 https://www.youtube.com/watch?v = 0o_w8Q1wsoA, letzter Abruf: 29.3.2022.
13 https://futurezone.at/produkte/kennen-ihre-kinder-das-noch/111.962.287, letzter Abruf: 29.3.2022.
14 https://www.spiegel.de/netzwelt/web/internet-geschichte-die-frau-die-das-surfen-erfand-a-43453.html, letzter Abruf: 29.3.2022.
15 https://www.syracuse.com/news/2019/09/why-do-we-say-surfing-the-internet-you-can-thank-a-cny-librarian-for-that.html, letzter Abruf: 29.3.2022.

16 https://www.spiegel.de/panorama/grosser-klatsch-a-0a90ba91-0002-0001-0000-000009224846, letzter Abruf: 29.3.2022.

17 https://www.cybercaptive.com/, letzter Abruf: 29.3.2022.

18 https://www.stryvemarketing.com/blog/features-of-a-great-90 s-website/, letzter Abruf: 29.3.2022.

19 https://www.wired.com/2017/05/gif-turns-30-ancient-format-changed-internet/, letzter Abruf: 29.3.2022.

20 Tilman Baumgärtel (2020): GIFs, S. 24, Berlin.

21 https://web.archive.org/web/20001020103119/http://www.gerhard-schroeder.de/, letzter Abruf: 29.3.2022.

22 https://www.pcwelt.de/news/gerhard-schroeder-de-in-Hand-der-Opposition-137515.html, letzter Abruf: 29.3.2022.

23 http://edition.cnn.com/2012/06/13/tech/web/tokelau-domain-name-holder/, letzter Abruf: 29.3.2022.

24 https://www.wired.co.uk/article/tokelau-world-map-top-level-domains, letzter Abruf: 29.3.2022.

25 http://news.bbc.co.uk/2/hi/technology/6991719.stm, letzter Abruf: 29.3.2022.

26 Ebd.

27 http://edition.cnn.com/2012/06/13/tech/web/tokelau-domain-name-holder/, letzter Abruf: 29.3.2022.

28 https://www.spiegel.de/wirtschaft/pinnwand-mit-logo-a-a9c787f8-0002-0001-0000-000013693592, letzter Abruf: 29.3.2022.

29 https://www.fastcompany.com/48865/gazillion-more-free-hours-aol-gee-thanks, letzter Abruf: 29.3.2022.

30 https://www.vox.com/2015/5/12/8594049/aol-free-trial-cds, letzter Abruf: 29.3.2022.

31 https://www.spiegel.de/netzwelt/web/web-gegen-werbe-cds-massensammlung-gegen-aol-a-222326.html, letzter Abruf: 29.3.2022.

32 https://www.theatlantic.com/technology/archive/2015/03/the-myth-about-bill-clintons-emails/387604/, letzter Abruf: 29.3.2022.

33 Ebd.

34 https://medium.com/digital-diplomacy/whats-the-first-ever-presidential-email-324ddcd82fca, letzter Abruf: 29.3.2022.

35 https://www1.wdr.de/stichtag/stichtag4586.html, letzter Abruf: 29.3.2022.

36 http://news.bbc.co.uk/2/hi/science/nature/736208.stm, letzter Abruf: 29.3.2022.

37 https://www.spiegel.de/wirtschaft/post-modern-a-7204bc14-0002-0001-0000-000013981217

38 https://www.spiegel.de/politik/gerhard-schroeder-a-ebeba0fd-0002-0001-0000-000015986057, letzter Abruf: 29.3.2022.

5. Die Angst vor dem Computercrash

1 https://www.zeit.de/digital/internet/2016-11/20-jahre-icq-chatdienst-in
stant-messenger, letzter Abruf: 29.3.2022.

2 https://www.cnet.com/news/aol-acquires-instant-message-firm/, letzter Abruf: 29.3.2022.

3 https://techcrunch.com/2010/04/28/aol-sells-instant-messaging-service-
icq-to-dst-for-187-5-million/, letzter Abruf: 29.3.2022.

4 https://www.welt.de/wirtschaft/webwelt/article207156621/ICQ-als-Mail-
ru-Tochter-Russischer-Konzern-bringt-Messenger-zurueck.html, letzter Abruf: 29.3.2022.

5 https://www.heise.de/tp/features/Netzsperre-fuer-Fritzchen-Doof-34226
31.html, letzter Abruf: 29.3.2022.

6 https://www.derstandard.at/story/160389/moorhuhnjagd-verursacht-fir
men-angeblich-millionenschaeden, letzter Abruf: 29.3.2022.

7 https://www.spiegel.de/netzwelt/web/moorhuhn-flatter-ab-der-boss-
kommt-a-66476.html, letzter Abruf: 29.3.2022.

8 https://www.spiegel.de/netzwelt/web/moorhuhnjagd-zocken-will-der-
surfer-a-60114.html, letzter Abruf: 29.3.2022.

9 https://www.spiegel.de/netzwelt/tech/vorsicht-dieses-huhn-schiesst-zu
rueck-a-65572.html, letzter Abruf: 29.3.2022.

10 https://www.businessinsider.com/r-elite-security-posse-fostered-founders-
of-whatsapp-napster-2014-07, letzter Abruf: 29.3.2022.

11 https://www.theguardian.com/music/2019/may/31/napster-twenty-years-
music-revolution, letzter Abruf: 29.3.2022.

12 https://www.theverge.com/2015/4/13/8399099/metallica-sued-napster-
15-years-ago-today, letzter Abruf: 29.3.2022.

13 FAZ vom 16.3.2000.

14 https://www.businessinsider.com/sean-parker-life-career-napster-face
book-billionaire-pictures-2020-3, letzter Abruf: 29.3.2022.

15 https://taz.de/Ein-Sender-auf-Sinnsuche/!1233916/, letzter Abruf: 29.3.
2022.

16 https://www.spiegel.de/netzwelt/tech/internet-trifft-fernsehen-nokia-
setzt-eine-n-drauf-a-154208.html, letzter Abruf: 29.3.2022.

17 https://www.latimes.com/archives/la-xpm-1999-apr-03-mn-23851-story.
html, letzter Abruf: 29.3.2022.

18 https://www.br.de/radio/bayern2/sendungen/kalenderblatt/totale-son
nenfinsternis-in-mitteleuropa-100.html, letzter Abruf: 29.3.2022.

19 https://archive.nytimes.com/www.nytimes.com/library/tech/99/08/
biztech/articles/22year-2000-doomsayer.html, letzter Abruf: 29.3.2022.

20 https://archive.nytimes.com/www.nytimes.com/library/tech/99/12/
biztech/articles/31cash.html, letzter Abruf: 29.3.2022.

21 https://archive.nytimes.com/www.nytimes.com/library/tech/99/12/
    biztech/articles/30y2k-preparation.html, letzter Abruf: 29.3.2022.
22 https://www.computerwoche.de/a/jahr-2000-problem-und-sie-dreht-sich-
    noch,1072439, letzter Abruf: 29.3.2022.

6. Per Webcam in den TV-Knast

 1 https://www.welt.de/print-welt/article505177/Leben-im-Cycosmos.html,
    letzter Abruf: 29.3.2022.
 2 http://news.bbc.co.uk/2/hi/entertainment/656764.stm,   letzter   Abruf:
    29.3.2022.
 3 https://www.spiegel.de/netzwelt/web/e-cyas-macht-drohung-wahr-jetzt-
    singt-der-avatar-a-57531.html, letzter Abruf: 29.3.2022.
 4 https://www.welt.de/print-welt/article503178/Beck-Big-Brother-wie-Zwer
    genwerfen-verhindern.html, letzter Abruf: 29.3.2022.
 5 https://www.focus.de/kultur/medien/der-menschenzoo-ist-ueberall-zehn-
    jahre-big-brother_id_1967919.html, letzter Abruf: 29.3.2022.
 6 https://www.spiegel.de/politik/richtig-ausquetschen-a-4c89a518-0002-
    0001-0000-000015930910?context = issue, letzter Abruf: 29.3.2022.
 7 NZZ vom 3.3.2000.
 8 https://www.focus.de/panorama/boulevard/im-land-der-1000-augen-
    gesellschaft_id_1942831.html, letzter Abruf: 29.3.2022.
 9 https://www.spiegel.de/panorama/big-brother-eigenes-dixi-klo-fuer-
    veronas-one-night-stand-a-77119.html, letzter Abruf: 29.3.2022.
10 https://www.spiegel.de/panorama/big-brother-der-gewinner-heisst-john-
    a-80461.html, letzter Abruf: 29.3.2022.
11 https://www.heise.de/tp/features/Pinkel-Skandal-erschuettert-die-Expo-
    2000-3447295.html, letzter Abruf: 29.3.2022.
12 Stellvertretend: Reinhard Mohr, in: Der Spiegel 23/2000, https://www.spiegel.
    de/panorama/der-totale-spass-a-6d480a1f-0002-0001-0000-000016597472,
    letzter Abruf: 29.3.2022.
13 https://www.welt.de/print-welt/article555686/Das-Ende-von-Big-Brother.
    html, letzter Abruf: 29.3.2022.
14 Guido Westerwelles Gastauftritt bei Big Brother ist bei Youtube abrufbar:
    https://www.youtube.com/watch?v = oNAJSj0GLm8, letzter Abruf: 29.3.
    2022.
15 https://www.spiegel.de/panorama/big-brother-ii-70-000-bewerber-fuer-
    den-tv-knast-a-87720.html, letzter Abruf: 29.3.2022.
16 https://www.welt.de/print-welt/article518156/Im-Internet-wirkt-Ribbeck-
    ein-wenig-verschlafen.html, letzter Abruf: 29.3.2022.

17 https://edition.cnn.com/2013/09/02/tech/gaming-gadgets/games-watch-gamescom/index.html, letzter Abruf: 29.3.2022.

18 https://www.dwdl.de/nachrichten/4303/sex_bei_big_brother__das_dorf_ruft_die_lpr_auf_den_plan/, letzter Abruf: 30.3.2022.

19 Jaron Lanier (2018): Zehn Gründe, warum du deine Social Media Accounts sofort löschen musst, Hamburg.

20 Andreas Reckwitz (2017): Die Gesellschaft der Singularitäten: Zum Strukturwandel der Moderne, S. 210, Berlin.

21 https://www.independent.co.uk/life-style/gadgets-and-tech/features/nokia-giant-its-fingers-crossed-6263275.html, letzter Abruf: 29.3.2022.

22 https://www.spiegel.de/netzwelt/gadgets/nokia-communicator-der-klobige-auftakt-der-smartphone-aera-a-5a1522da-2601-4894-87d5-d07ba3b02fb2, letzter Abruf: 29.3.2022.

23 https://www.giga.de/extra/netzkultur/gallery/sms-von-gestern-nacht-die-peinlichsten-ausrutscher/, letzter Abruf: 29.3.2022.

24 https://www.handelsblatt.com/archiv/2000-wurden-14-milliarden-kurzmitteilungen-verschickt-sms-dienste-berechnen-alkoholspiegel-und-blutwerte/2050604.html, letzter Abruf: 29.3.2022.

25 https://www.welt.de/print-welt/article547098/Politiker-erwaegen-Handy-Verbot-an-Schulen.html?wtrid = amp.article.free.comments.button.more. letzter Abruf: 29.3.2022.

26 https://www.spiegel.de/sport/fussball/sprueche-best-of-hoeness-magath-lorant-a-107728.html, letzter Abruf: 29.3.2022.

27 https://www.handelsblatt.com/archiv/drahtloses-schlaraffenland-systems-2000-im-zeichen-der-mobilitaet/2015238.html?ticket = ST-9682378-4aFuuLvBjYSrOYzth4Pj-ap3, letzter Abruf: 29.3.2022.

28 https://www.faz.net/aktuell/wirtschaft/kommentar-umts-technologie-ohne-produktidee-110862.html,, letzter Abruf: 29.3.2022.

29 https://web.archive.org/web/20010203205900/http://www.evita.de/center_e2c/0,5540,70001,00.html, letzter Abruf: 29.3.2022.

30 https://www.spiegel.de/netzwelt/tech/mobilfunk-weihnachtsgruesse-per-sms-legen-netze-lahm-a-109555.html, letzter Abruf: 29.3.2022.

31 https://www.theguardian.com/technology/2000/dec/05/internetnews.g2, letzter Abruf: 29.3.2022.

32 https://nickclegg.medium.com/you-and-the-algorithm-it-takes-two-to-tango-7722b19aa1c2, letzter Abruf: 29.3.2022.

7. Von der Erotiksuchmaschine zur Online-Enzyklopädie

1 https://www.independent.co.uk/news/people/profiles/jimmy-wales-it-s-not-about-how-many-pages-it-s-about-how-good-they-are-2164840.html, letzter Abruf: 30.3.2022.
2 https://web.archive.org/web/20010404220823/http://babes.bomis.com/, letzter Abruf: 31.3.2022.
3 https://www.businessinsider.com/wikipedia-bomis-2013-6, letzter Abruf: 30.3.2022.
4 https://www.theguardian.com/technology/2008/dec/18/wikipedia-jimmy-wales, letzter Abruf: 30.3.2022.
5 https://wikimediafoundation.org/?profile=jimmy-wales, letzter Abruf: 30.3.2022.
6 https://www.cnet.com/products/microsoft-encarta-encyclopedia-v-99-complete-package-series/, letzter Abruf: 30.3.2022.
7 https://www.bpb.de/gesellschaft/digitales/opensource/63949/next-wikipedia-take-a-right, letzter Abruf: 30.3.2022.
8 https://www.wired.co.uk/article/jimmy-wales-is-having-another-crack-at-wikitribune, letzter Abruf: 30.3.2022.
9 https://www.businessinsider.com/wikipedias-first-words-hello-world-2016-3, letzter Abruf: 29.3.2022.
10 https://vator.tv/news/2017-06-13-when-wikipedia-was-young-the-early-years, letzter Abruf: 29.3.2022.
11 https://www.wired.com/2005/12/wikipedia-founder-edits-own-bio/, letzter Abruf: 30.3.2022.
12 Ebd.
13 https://en.wikipedia.org/wiki/Jimmy_Wales, letzter Abruf: 30.3.2022.
14 https://www.buchreport.de/news/im-prinzip-muss-man-der-wikipedia-doch-dankbar-sein/, letzter Abruf: 30.3.2022.
15 https://www.spiegel.de/netzwelt/web/internet-bundeskanzler-schroeder-ist-auch-bald-drin-a-67377.html, letzter Abruf: 29.3.2022.
16 https://politische-reden.eu/BR/t/156.html, letzter Abruf: 30.3.2022.
17 https://www.youtube.com/watch?v=X92GtG1G_hY, letzter Abruf:
18 https://www.faz.net/aktuell/politik/buerokratie-tipp-ex-am-bildschirm-121850.html, letzter Abruf: 30.3.2022.
19 https://taz.de/!1212263/, letzter Abruf: 30.3.2022.
20 https://www.spiegel.de/politik/deutschland/kinder-statt-inder-inder-entwickelte-software-fuer-ruettgers-kampagne-a-72056.html, letzter Abruf: 30.3.2022.
21 https://www.tagesspiegel.de/politik/internet-fuer-alle-aber-bitte-mit-anschluss-kommentar/166720.html, letzter Abruf: 30.3.2022.

22 https://www.netzwoche.ch/news/2021-05-12/sir-tim-und-sein-monster, letzter Abruf: 24.3.2022.

23 https://www.google.com/url?sa = t&rct = j&q = &esrc = s&source = web&cd = &ved = 2ahUKEwiI1M26-bH2AhWJvaQKHXqWBb8QFnoECAMQAQ&url = https%3A%2F%2Farchiv.cdu.de%2Fsystem%2Ftdf%2Fmedia%2Fdoku mente%2FBeschluss_des_Bundesvorstands_der_CDU_Juni2002. pdf&usg = AOvVaw06YkSp5nDqUb2v6P0a4d7O, letzter Abruf: 30.3.2022.

24 https://www.spiegel.de/politik/deutschland/cdu-bundesvorstand-setzt-in ternetbeauftragten-ein-a-75763.html, letzter Abruf: 30.3.2022.

25 https://www.tagesspiegel.de/gesellschaft/medien/die-wahrheit-ist-ein-scheues-reh/279954.html, letzter Abruf: 25.05.2022.

26 http://news.bbc.co.uk/1/hi/sci/tech/1550622.stm, letzter Abruf: 30.3.2022.

27 https://www.sueddeutsche.de/politik/werbespot-wir-wollten-einen-knall effekt-1.636285, letzter Abruf: 30.3.2022.

28 Ebd.

29 Vgl. Süddeutsche Zeitung vom 24.9.2021, S. 3.

30 https://edition.cnn.com/2021/09/10/tech/digital-news-coverage-9-11/in dex.html, letzter Abruf: 30.3.2022.

31 Ebd.

32 https://www.rnd.de/kultur/only-time-wie-ein-enya-song-zur-weltweiten-trauerhymne-wurde-DF7WAISYR5B3XODVN5BQJE3WTE.html, letzter Ab-ruf: 30.3.2022.

33 https://www.youtube.com/watch?v = zi2SNFnfMjk, letzter Abruf: 31.3.2022.

34 https://slate.com/technology/2020/11/wikipedia-september-11-breaking-news.html, letzter Abruf: 30.3.2022.

35 http://web.archive.org/web/20011031162201/http:/www.wikipedia.com/ wiki.cgi?September_11,_2001_Terrorist_Attack, letzter Abruf: 30.3.2022.

36 https://www.technologyreview.com/2001/09/04/235538/free-the-encyclo pedias/, letzter Abruf: 30.3.2022.

37 https://www.derstandard.at/story/1331207268057/wissensluecke-druck-der-encyclopaedia-britannica-wird-nach-244-jahren-eingestellt, letzter Ab-ruf: 30.3.2022.

38 https://www.spiegel.de/politik/gips-im-karton-a-76ce93b6-0002-0001-0000-000020520937, letzter Abruf: 30.3.2022.

39 https://www.faz.net/aktuell/politik/teuro-pranger-kuenast-in-der-populis mus-falle-169168.html, letzter Abruf: 30.3.2022.

40 *Connect*, Ausgabe 13/2000, S. 84–85, https://www.vongestern.com/2016/ 11/mister-web-2000.html, letzter Abruf: 30.3.2022.

41 Ebd.

8. Wir wollten doch nur gruscheln

1 https://www.theguardian.com/music/2003/oct/01/popandrock1, letzter Abruf: 30.3.2022.

2 https://edition.cnn.com/2019/02/04/tech/randi-zuckerberg-facebook/index.html, letzter Abruf.

3 https://www.welt.de/fernsehen/article1356695/Dieter-Bohlens-Sprueche-sind-jetzt-Kunst.html, letzter Abruf: 30.3.2022.

4 https://www.handelsblatt.com/archiv/das-meistgeklaute-buch-der-messe-jetzt-fuehrt-bohlen-auch-in-der-buecher-hitparade/2204694.html, letzter Abruf: 30.3.2022.

5 https://www.faz.net/aktuell/gesellschaft/irak-krieg-ausschreitungen-nach-schuelerdemonstration-192702.html, letzter Abruf: 30.3.2022.

6 https://www.welt.de/print-wams/article125088/Duerfen-Lehrer-fuer-Frieden-schulfrei-geben.html, letzter Abruf: 30.3.2022.

7 https://www.theguardian.com/music/2015/oct/22/arctic-monkeys-debut-single-i-bet-you-look-good-dancefloor, letzter Abruf: 30.3.2022.

8 https://www.wired.com/2005/11/myspace/, letzter Abruf: 30.3.2022.

9 https://www.theguardian.com/technology/2011/jun/30/myspace-sold-35-million-news, letzter Abruf: 30.3.2022.

10 https://www.theverge.com/2019/4/4/18295014/myspace-lost-songs-dragon-project-tracks-web-archive-internet-archive-450000-recovery, letzter Abruf: 30.3.2022.

11 https://slate.com/news-and-politics/2007/11/the-diaries-of-facebook-founder-mark-zuckerberg-2.html, letzter Abruf: 30.3.2022.

12 Steven Levy (2020): Facebook – Weltmacht am Abgrund: Der unzensierte Blick auf den Tech-Giganten, S. 62 f., München 2020.

13 https://www.thecrimson.com/article/2003/11/19/facemash-creator-survives-ad-board-the/, letzter Abruf: 30.3.2022.

14 https://www.businessinsider.com/how-facebook-was-founded-2010-3#im-going-to-fuck-them-4, letzter Abruf: 25.5.2022

15 https://www.thecrimson.com/article/2004/2/9/hundreds-register-for-new-facebook-website/, letzter Abruf: 25.5.2022

16 https://www.heise.de/newsticker/meldung/Facebook-zahlte-65-Millionen-US-Dollar-an-ConnectU-194888.html, letzter Abruf: 30.3.2022.

17 Ebd.

18 https://www.mz.de/deutschland-und-welt/politik/wahlkampf-kanzlerin-merkel-gruschelt-studivz-mitglieder-2530085, letzter Abruf: 30.3.2022.

19 https://www.spiegel.de/netzwelt/web/kampf-der-community-giganten-wie-so-facebook-gegen-studivz-prozessiert-a-621831.html, letzter Abruf: 30.3.2022.

20 https://www.heise.de/newsticker/meldung/Facebook-scheitert-mit-Unterlassungsklage-gegen-StudiVZ-Update-182289.html, letzter Abruf: 30.3.2022.

21 https://www.faz.net/aktuell/wirtschaft/ende-einer-fehlinvestition-holtz brinck-verlag-verkauft-studivz-11886336.html, letzter Abruf: 30.3.2022.
22 https://winfuture.de/news,128674.html, letzter Abruf: 30.3.2022.